LegalAI

Zukunft der Rechtsberatung durch Künstliche Intelligenz?

Mo Smith

2024

LegalAI – Die Zukunft der Rechtsberatung durch Künstliche Intelligenz

Die Rechtsbranche befindet sich in einem revolutionären Wandel. Lange Zeit war sie von traditionellen Arbeitsweisen geprägt: dicke Gesetzesbücher, stundenlange Recherchen und aufwändige Analysen, die von hochqualifizierten Juristen durchgeführt wurden. Doch mit dem Einzug von Künstlicher Intelligenz (KI) betritt eine transformative Technologie die Bühne, die das Potenzial hat, das Rechtswesen grundlegend zu verändern – effizienter, zugänglicher und gerechter zu gestalten.

Die Herausforderungen, vor denen die Rechtsbranche steht, sind vielfältig. Globale Unternehmen müssen sich mit komplexen Compliance-Vorschriften auseinandersetzen, kleine Kanzleien kämpfen mit begrenzten Ressourcen, und für viele Privatpersonen bleiben rechtliche Dienstleistungen schlichtweg unerschwinglich. Gleichzeitig nimmt die Menge an juristischen Daten exponentiell zu, was es selbst erfahrenen Juristen erschwert, stets den Überblick zu behalten. Genau hier setzt LegalAI an. Die Kombination aus maschinellem Lernen, natürlicher Sprachverarbeitung und Big Data bietet innovative Lösungen für einige der drängendsten Probleme der Rechtswelt.

Doch was bedeutet das für die Praxis? Können Algorithmen wirklich den juristischen Verstand ersetzen? Welche Aufgaben können automatisiert werden, und wo bleibt der Mensch unersetzlich? Welche Risiken bringt der Einsatz von KI mit sich, und wie kann sichergestellt werden, dass diese Technologien fair, ethisch und sicher eingesetzt werden?

Dieses Buch bietet einen umfassenden Überblick über das spannende und herausfordernde Feld von LegalAI. Es richtet sich an eine breite Zielgruppe: Juristen, die die Möglichkeiten und Grenzen dieser Technologien verstehen wollen; LegalTech-Enthusiasten, die die neuesten Entwicklungen verfolgen möchten; Studierende der Rechts- und Informatikwissenschaften, die am Puls der Zeit bleiben wollen; und Unternehmen, die ihre rechtlichen Prozesse effizienter gestalten möchten.

Was erwartet Sie in diesem Buch?

Dieses Buch ist in zehn Kapitel gegliedert, die Schritt für Schritt die wichtigsten Aspekte von LegalAI beleuchten:

- In Kapitel 1 erfahren Sie, was LegalAI ist und warum diese Technologie für die Rechtsbranche so relevant ist. Es bietet eine Einführung in die Grundlagen und eine historische Einordnung der technologischen Entwicklungen im Rechtswesen.
- Kapitel 2 bis 7 widmen sich den zentralen Anwendungsfeldern von KI im Recht, von der Dokumentenanalyse über rechtliche Recherche bis hin zur Automatisierung von Standardprozessen und der Unterstützung in Gerichtsverfahren. Konkrete Fallstudien und Beispiele zeigen, wie LegalAI bereits heute in der Praxis genutzt wird.
- Kapitel 8 setzt sich mit ethischen und regulatorischen Fragen auseinander. Hier werden die potenziellen Gefahren und Herausforderungen von LegalAI beleuchtet, darunter Bias, Datenschutz und Haftungsfragen.

- Kapitel 9 betrachtet die sich wandelnde Rolle von Juristen in einer KI-gestützten Welt. Welche neuen Fähigkeiten sind gefragt? Wie sieht die Zusammenarbeit zwischen Mensch und Maschine aus?
- Abschließend wagt Kapitel 10 einen Blick in die Zukunft. Es zeigt, wie LegalAI dazu beitragen könnte, eine gerechtere Welt zu schaffen, und welche langfristigen Trends zu erwarten sind.

Jedes Kapitel kombiniert theoretisches Wissen mit praktischen Beispielen, um ein tiefes Verständnis für die Thematik zu vermitteln. Glossar, weiterführende Literatur und eine Übersicht der führenden LegalAI-Tools ergänzen das Werk und machen es zu einem wertvollen Nachschlagewerk.

Warum ist dieses Buch relevant?

LegalAI ist nicht nur ein technologisches Phänomen – es ist eine Bewegung, die das Potenzial hat, die Rechtsbranche neu zu definieren. Es eröffnet nicht nur Kanzleien und Unternehmen neue Möglichkeiten, sondern kann auch dazu beitragen, den Zugang zum Recht zu demokratisieren. Durch automatisierte Prozesse und KI-gestützte Tools wird es möglich, rechtliche Unterstützung für eine breitere Bevölkerungsschicht verfügbar zu machen, die bisher von hohen Kosten und komplexen Abläufen ausgeschlossen war.

Gleichzeitig wirft der Einsatz von KI im Recht auch tiefgreifende Fragen auf. Wie stellen wir sicher, dass diese Technologien gerecht sind und keine bestehenden Ungleichheiten verschärfen? Wer haftet für Fehler einer KI? Und wie können Juristen und Informatiker gemeinsam daran arbeiten, diese Technologien verantwortungsvoll zu gestalten?

Ein Appell an die Verantwortung

LegalAI ist mehr als nur ein technologischer Fortschritt – es ist ein Werkzeug, das in den richtigen Händen die Rechtswelt gerechter und effizienter machen kann. Doch wie bei jeder mächtigen Technologie liegt es an uns, sicherzustellen, dass sie im Dienste des Gemeinwohls eingesetzt wird. Dieses Buch soll nicht nur informieren, sondern auch inspirieren und zum Nachdenken anregen. Die Transformation der Rechtsbranche ist unausweichlich – die Frage ist, wie wir sie gestalten wollen.

Lassen Sie uns gemeinsam die Zukunft der Rechtsberatung durch Künstliche Intelligenz erkunden – mit all ihren Chancen, Herausforderungen und Möglichkeiten. LegalAI ist nicht die Bedrohung traditioneller Rechtsarbeit, sondern ihre Weiterentwicklung. Es ist eine Einladung, das Rechtssystem neu zu denken und für alle zugänglicher zu machen.

Willkommen in der Welt von LegalAI!

Inhalt

LegalAI – Die Zukunft der Rechtsberatung durch Künstliche Intelligenz 2
- Was erwartet Sie in diesem Buch? 2
- Warum ist dieses Buch relevant? 3
- Ein Appell an die Verantwortung 3

Kapitel 1: Was ist LegalAI? 8
- 1.1 Definition und Grundlagen von LegalAI 8
- 1.2 Historische Entwicklung der Technologie im Rechtswesen 8
- 1.3 Warum ist KI für die Rechtsbranche relevant? 9

1.4 Die Grenzen von LegalAI 10

1.5 Fazit: LegalAI als strategisches Werkzeug 10

Kapitel 2: Dokumentenanalyse und Vertragsprüfung 11
- 2.1 Die Bedeutung von Dokumentenanalyse und Vertragsprüfung 11
- 2.2 Automatisierte Vertragsprüfung: Wie KI funktioniert 11
- 2.3 Fallstudie: KI-gestützte Vertragsmanagement-Tools 12
- 2.4 Einsparungspotenziale für Unternehmen 13
- 2.5 Herausforderungen: Datenschutz und rechtliche Verantwortung 13
- 2.6 Fazit: Die Zukunft der Vertragsprüfung 14

Kapitel 3: Rechtliche Recherche 15
- 3.1 Die Bedeutung der juristischen Recherche 15
- 3.2 Wie KI die rechtliche Recherche revolutioniert 15
- 3.3 Tools für KI-gestützte rechtliche Recherche 16
- 3.4 Vorteile der KI-gestützten rechtlichen Recherche 17
- 3.5 Herausforderungen und ethische Überlegungen 17
- 3.6 Fazit: Synergie zwischen Mensch und Maschine 18

Kapitel 4: Automatisierung von Standardprozessen 19
- 4.1 Was sind Standardprozesse im Rechtswesen? 19
- 4.2 Wie KI Standardprozesse automatisiert 19
- 4.3 Anwendungsfälle der Automatisierung 20
- 4.4 Vorteile der Automatisierung 21
- 4.5 Herausforderungen und Risiken 21
- 4.6 Auswirkungen auf kleine Kanzleien und Mandanteninteraktionen 22
- 4.7 Fazit: Die Zukunft der Automatisierung 22

Kapitel 5: Rechtsanalyse und Prognosen *23*

- 5.1 Die Bedeutung von Rechtsanalyse und Prognosen 23
- 5.2 Wie KI die Rechtsanalyse und Prognosen unterstützt 23
- 5.3 Fallvorhersagen durch KI 24
- 5.4 Predictive Analytics: Trends in Gerichtsentscheidungen erkennen 24
- 5.5 Herausforderungen und Risiken 25
- 5.6 Kann KI menschliche Intuition und rechtliches Urteilsvermögen ersetzen? 25
- 5.7 Fazit: Die Rolle von Rechtsanalyse und Prognosen in der Zukunft 26

Kapitel 6: LegalTech-Plattformen und deren Anwendung *27*

- 6.1 Was sind LegalTech-Plattformen? 27
- 6.2 Marktübersicht: Die führenden LegalTech-Unternehmen 27
- 6.3 Einsatzgebiete von LegalTech-Plattformen 28
- 6.4 Vorteile der Integration von LegalTech 29
- 6.5 Herausforderungen bei der Integration von LegalTech 29
- 6.6 Die Zukunft von LegalTech 30
- 6.7 Fazit: LegalTech als Gamechanger 30

Kapitel 7: Künstliche Intelligenz in der Rechtsprechung *32*

- 7.1 Die Rolle der KI in der Rechtsprechung 32
- 7.2 Einsatzmöglichkeiten von KI in Gerichtsverfahren 32
- 7.3 Vorteile von KI in der Rechtsprechung 33
- 7.4 Risiken und Herausforderungen 34
- 7.5 Regulatorische Anforderungen und ethische Fragen 34
- 7.6 Zukunftsperspektiven: KI und die Justiz 35
- 7.7 Fazit: Ein Werkzeug mit Verantwortung 35

Kapitel 8: Ethik und Regulierung von LegalAI *36*

- 8.1 Ethische Herausforderungen beim Einsatz von LegalAI 36
- 8.2 Regulatorische Herausforderungen 37
- 8.3 Aktuelle Ansätze zur Regulierung von LegalAI 38
- 8.4 Leitlinien und Standards für den Einsatz von LegalAI 38
- 8.5 Die Verantwortung von Entwicklern und Juristen 39
- 8.6 Fazit: Ein Balanceakt zwischen Innovation und Verantwortung 39

Kapitel 9: Die Rolle der Juristen in einer KI-unterstützten Welt *41*

- 9.1 Die Transformation des Berufsbildes 41
- 9.2 Die Zusammenarbeit zwischen Mensch und Maschine 42

9.3 Neue Kompetenzen für Juristen — 42

9.4 Herausforderungen für Juristen in einer KI-unterstützten Welt — 43

9.5 Die Vorteile der KI-gestützten Arbeit für Juristen — 43

9.6 Die Zukunft der Juristen in einer KI-unterstützten Welt — 44

9.7 Fazit: Ein Beruf im Wandel — 44

Kapitel 10: Die Zukunft von LegalAI — *45*

10.1 Langfristige Trends im Bereich LegalAI — 45

10.2 Visionen für eine gerechtere Welt — 46

10.3 Herausforderungen und Grenzen von LegalAI — 46

10.4 Potenziale und Grenzen der Technologie — 47

10.5 Fazit: Die Zukunft von LegalAI — 48

Schlusswort: LegalAI – Ein Werkzeug für eine gerechtere Zukunft — *49*

LegalAI als Werkzeug, nicht als Ersatz — 49

Ein gerechteres Rechtssystem durch LegalAI — 49

Die Verantwortung im Umgang mit LegalAI — 50

Die Zukunft gestalten: Synergie zwischen Mensch und Maschine — 50

Ein Appell an die Menschlichkeit im Recht — 50

Ein Fazit mit Verantwortung — 51

Anhang — *52*

A. Glossar der wichtigsten Begriffe — 52

B. Übersicht führender LegalAI-Tools — 52

C. Tipps zur Implementierung von LegalAI — 54

D. Ein Dank an die Leser — 54

Kapitel 1: Was ist LegalAI?

Die rasante Entwicklung von Künstlicher Intelligenz (KI) hat nahezu alle Bereiche der Wirtschaft und Gesellschaft erreicht – auch das Rechtswesen bleibt hiervon nicht unberührt. LegalAI bezeichnet den gezielten Einsatz von KI-Technologien, um juristische Prozesse zu optimieren, Entscheidungen zu unterstützen und die Qualität von Dienstleistungen im Rechtsbereich zu verbessern. In diesem Kapitel gehen wir detailliert auf die Grundlagen von LegalAI ein, beleuchten die historische Entwicklung und diskutieren, warum diese Technologie für die Rechtsbranche von zentraler Bedeutung ist.

1.1 Definition und Grundlagen von LegalAI

LegalAI steht für den Einsatz von KI-basierten Technologien zur Unterstützung, Automatisierung und Optimierung juristischer Aufgaben. Diese Technologien umfassen unter anderem:

- **Maschinelles Lernen (Machine Learning):** Algorithmen, die durch das Analysieren von Daten Muster erkennen und darauf basierend Entscheidungen treffen können.
- **Natürliche Sprachverarbeitung (Natural Language Processing, NLP):** Die Fähigkeit von Maschinen, menschliche Sprache zu verstehen und zu verarbeiten – ein Schlüssel für die Arbeit mit rechtlichen Texten.
- **Expertensysteme:** KI-gestützte Programme, die durch die Kodierung juristischen Wissens als „virtuelle Rechtsberater" fungieren können.

LegalAI ist nicht darauf ausgelegt, den Menschen zu ersetzen, sondern vielmehr, ihn bei der Bewältigung komplexer Aufgaben zu unterstützen. Dabei liegt der Fokus darauf, repetitive Tätigkeiten zu automatisieren, große Datenmengen effizient zu analysieren und Entscheidungsprozesse zu beschleunigen.

1.2 Historische Entwicklung der Technologie im Rechtswesen

Der Einsatz von Technologie im Rechtsbereich ist nicht neu. Die ersten Entwicklungen konzentrierten sich auf die Digitalisierung und Archivierung juristischer Dokumente, was in den 1980er- und 1990er-Jahren begann. Juristische Datenbanken wie LexisNexis oder Westlaw ermöglichten es Juristen, schneller und gezielter auf relevante Gesetze, Urteile und Kommentare zuzugreifen.

Mit dem Aufkommen von maschinellem Lernen und Big Data in den 2000er-Jahren änderte sich die Dynamik. Technologien wurden nicht nur als Archivierungs- oder Recherchetools genutzt, sondern begannen, aktiv juristische Aufgaben zu übernehmen:

- Die Einführung automatisierter Vertragsprüfungstools in den frühen 2010er-Jahren (z. B. Kira Systems) zeigte, wie KI Muster in Verträgen erkennen und Risiken aufdecken kann.

- In den letzten Jahren ermöglichten Tools wie ROSS Intelligence oder CaseText die juristische Recherche mit beispielloser Präzision und Geschwindigkeit.

Diese Entwicklungen haben nicht nur den Arbeitsalltag von Juristen verändert, sondern auch den Grundstein für die heutige Ära der LegalAI gelegt, in der KI zunehmend komplexe juristische Aufgaben übernimmt.

1.3 Warum ist KI für die Rechtsbranche relevant?

Die Rechtsbranche ist bekannt für ihre Traditionen und konservativen Arbeitsweisen. Gleichzeitig steht sie vor einer Vielzahl von Herausforderungen:

- **Hoher Zeit- und Kostenaufwand:** Die Analyse juristischer Dokumente, Recherchearbeiten und andere manuelle Tätigkeiten erfordern erhebliche Ressourcen.
- **Zugangsbarrieren:** Für viele Menschen bleiben juristische Dienstleistungen unerschwinglich oder schwer zugänglich.
- **Fehleranfälligkeit:** Auch erfahrene Juristen können Details übersehen oder von kognitiven Verzerrungen beeinflusst werden.

LegalAI adressiert diese Probleme direkt und bietet Lösungen, die Effizienz, Skalierbarkeit und Genauigkeit erhöhen.

1.3.1 Effizienz

KI kann repetitive und arbeitsintensive Aufgaben, wie die Analyse von Verträgen oder die Suche nach Präzedenzfällen, in Sekunden oder Minuten bewältigen. Dadurch bleibt Juristen mehr Zeit für strategische Überlegungen und kreative Problemlösungen.

1.3.2 Skalierbarkeit

Mit KI können juristische Dienstleistungen einem breiteren Publikum zugänglich gemacht werden. Automatisierte Tools ermöglichen es beispielsweise, einfache Rechtsfragen zu beantworten oder Standardverträge zu erstellen – ohne dass ein Anwalt eingeschaltet werden muss. Dadurch können auch kleine Unternehmen oder Privatpersonen, die sich sonst keine juristische Beratung leisten könnten, Unterstützung erhalten.

1.3.3 Fehlerreduktion

Maschinelle Algorithmen arbeiten konsistent und systematisch. Während menschliche Juristen von Müdigkeit, Stress oder kognitiven Verzerrungen beeinflusst werden können, analysieren KI-Systeme Daten nach festgelegten Parametern. Dies reduziert das Risiko, dass wichtige Details übersehen oder ungenaue Schlussfolgerungen gezogen werden.

1.4 Die Grenzen von LegalAI

Trotz aller Vorteile gibt es auch Herausforderungen und Grenzen, die bei der Implementierung von LegalAI berücksichtigt werden müssen:

- **Datenschutz und Vertraulichkeit:** Juristische Daten sind oft hochsensibel. Der Einsatz von KI erfordert klare Sicherheitsstandards, um sicherzustellen, dass Informationen geschützt bleiben.

- **Bias in Algorithmen:** KI-Systeme basieren auf den Daten, mit denen sie trainiert wurden. Wenn diese Daten Vorurteile oder Lücken enthalten, können die Ergebnisse ungenau oder diskriminierend sein.

- **Komplexität menschlicher Entscheidungen:** Viele juristische Entscheidungen erfordern eine Kombination aus Intuition, Empathie und ethischen Überlegungen – Fähigkeiten, die Maschinen nicht besitzen.

1.5 Fazit: LegalAI als strategisches Werkzeug

LegalAI ist kein Ersatz für den menschlichen Juristen, sondern ein leistungsstarkes Werkzeug, das ihn ergänzt. Indem KI repetitive Aufgaben übernimmt und präzise Analysen liefert, können Juristen sich auf komplexere und strategische Aspekte ihrer Arbeit konzentrieren. Gleichzeitig bietet LegalAI die Möglichkeit, juristische Dienstleistungen zugänglicher und kosteneffizienter zu machen.

Die Reise von der Digitalisierung zu intelligenter Automatisierung markiert erst den Anfang. LegalAI hat das Potenzial, nicht nur die Rechtsbranche, sondern auch das gesamte Rechtssystem grundlegend zu transformieren – hin zu einer gerechteren und effizienteren Zukunft. Dieses Kapitel dient als Grundlage, um die weiteren Anwendungsgebiete, Vorteile und Herausforderungen von LegalAI zu verstehen, die in den folgenden Kapiteln detailliert beleuchtet werden.

Kapitel 2: Dokumentenanalyse und Vertragsprüfung

In der juristischen Praxis gehören die Analyse von Dokumenten und die Prüfung von Verträgen zu den zentralen und zugleich zeitaufwändigsten Aufgaben. Künstliche Intelligenz (KI) hat in diesem Bereich enorme Fortschritte gemacht und verändert die Art und Weise, wie juristische Dokumente verarbeitet werden. In diesem Kapitel werfen wir einen umfassenden Blick auf die Einsatzmöglichkeiten, Vorteile und Herausforderungen der KI-gestützten Dokumentenanalyse und Vertragsprüfung.

2.1 Die Bedeutung von Dokumentenanalyse und Vertragsprüfung

Verträge sind das Fundament geschäftlicher Beziehungen. Sie regeln Rechte, Pflichten und Risiken – sei es zwischen Unternehmen, Arbeitgebern und Arbeitnehmern oder zwischen Privatpersonen. Eine gründliche Prüfung von Verträgen ist essenziell, um rechtliche Risiken zu minimieren, Compliance-Anforderungen zu erfüllen und Missverständnisse oder Streitigkeiten zu vermeiden.

Traditionell ist die Vertragsprüfung jedoch äußerst arbeitsintensiv:

- Juristen müssen umfangreiche Dokumente lesen, interpretieren und mit rechtlichen Standards abgleichen.
- Klauseln und Bedingungen müssen in Bezug auf ihre rechtliche Angemessenheit überprüft werden.
- Risiken, Lücken oder potenziell problematische Formulierungen sind zu identifizieren.

Dieser Prozess kann Tage oder Wochen dauern – insbesondere bei umfangreichen oder komplexen Dokumenten. Zudem sind menschliche Fehler nicht auszuschließen. Hier setzt die KI-gestützte Dokumentenanalyse an.

2.2 Automatisierte Vertragsprüfung: Wie KI funktioniert

Künstliche Intelligenz analysiert Verträge durch den Einsatz moderner Technologien wie:

- **Natürliche Sprachverarbeitung (NLP):** KI kann den Text in Verträgen verstehen, relevante Klauseln identifizieren und Muster erkennen.
- **Maschinelles Lernen:** Durch das Training auf großen Datensätzen lernt die KI, typische Formulierungen, Risiken und problematische Klauseln zu erkennen.
- **Optische Zeichenerkennung (OCR):** Selbst gescannte oder handschriftliche Dokumente können von der KI erfasst und analysiert werden.

Ein KI-gestütztes System für Vertragsprüfung arbeitet in mehreren Schritten:

1. **Dokumentenanalyse:** Die KI liest und strukturiert das Dokument, erkennt verschiedene Abschnitte wie Präambel, Vertragsgegenstand und Haftungsklauseln.

2. **Risikobewertung:** Die Software hebt problematische Bereiche hervor, etwa unklare Formulierungen, fehlende Standardklauseln oder Bedingungen, die von den üblichen Marktstandards abweichen.
3. **Vergleich mit Vorlagen:** Verträge können mit unternehmensinternen Vorlagen oder rechtlichen Best Practices abgeglichen werden, um Abweichungen zu identifizieren.
4. **Berichtserstellung:** Am Ende liefert die KI eine Übersicht mit potenziellen Risiken, Optimierungsvorschlägen und einer Bewertung des Vertrags.

2.3 Fallstudie: KI-gestützte Vertragsmanagement-Tools

Einige der führenden Tools im Bereich der KI-gestützten Vertragsprüfung haben bereits beeindruckende Ergebnisse erzielt:

Kira Systems

Kira Systems verwendet maschinelles Lernen, um Verträge zu analysieren und kritische Klauseln oder Risiken hervorzuheben. Es kann über 1.000 Klauseltypen erkennen und unterstützt Kanzleien sowie Unternehmen bei Due-Diligence-Prüfungen, M&A-Transaktionen und Vertragsverhandlungen.

Luminance

Luminance nutzt NLP, um Vertragsstrukturen zu verstehen und Abweichungen von Standardklauseln zu identifizieren. Es bietet eine intuitive Benutzeroberfläche, die es Anwälten ermöglicht, Verträge effizienter zu prüfen und potenzielle Risiken auf einen Blick zu erkennen.

Eigenentwicklungen großer Kanzleien

Große internationale Kanzleien wie Clifford Chance oder Allen & Overy entwickeln zunehmend ihre eigenen KI-Tools, um maßgeschneiderte Lösungen für ihre Mandanten zu bieten. Diese Plattformen kombinieren oft Vertragsprüfung mit anderen LegalAI-Funktionen wie rechtlicher Recherche oder Dokumentengenerierung.

2.4 Einsparungspotenziale für Unternehmen

Die automatisierte Vertragsprüfung bietet zahlreiche Vorteile, die Unternehmen erhebliche Einsparungen ermöglichen:

- **Zeitersparnis:** Verträge, deren manuelle Prüfung Tage in Anspruch nehmen würde, können innerhalb weniger Minuten analysiert werden.
- **Kostensenkung:** Durch die Automatisierung werden juristische Dienstleistungen erschwinglicher, was insbesondere für kleine und mittelständische Unternehmen von Vorteil ist.

- **Skalierbarkeit:** Unternehmen können große Mengen an Verträgen gleichzeitig prüfen lassen, was bei Fusionen, Übernahmen oder Compliance-Audits entscheidend ist.
- **Präzision:** Die Fehlerquote wird reduziert, da KI keine Details übersieht und immer mit den neuesten rechtlichen Standards arbeitet.

2.5 Herausforderungen: Datenschutz und rechtliche Verantwortung

Trotz der beeindruckenden Fortschritte gibt es bei der KI-gestützten Vertragsprüfung einige Herausforderungen, die nicht außer Acht gelassen werden dürfen:

2.5.1 Datenschutz

Verträge enthalten oft sensible Informationen, wie Geschäftsgeheimnisse, personenbezogene Daten oder vertrauliche Absprachen. Der Einsatz von KI erfordert strenge Sicherheitsmaßnahmen, um die Vertraulichkeit dieser Daten zu gewährleisten. Dies gilt insbesondere, wenn Cloud-basierte Systeme verwendet werden, bei denen Daten auf externen Servern verarbeitet werden.

2.5.2 Haftung für Fehler

Obwohl KI äußerst präzise ist, besteht immer die Möglichkeit, dass Fehler auftreten, etwa durch unvollständige Trainingsdaten oder falsch erkannte Klauseln. Die Frage der Haftung ist komplex: Wer trägt die Verantwortung, wenn ein KI-System eine kritische Klausel übersieht? Der Anbieter der Software, der Anwalt, der das System genutzt hat, oder das Unternehmen, das es implementiert hat?

2.5.3 Akzeptanz durch Juristen

Ein weiterer Aspekt ist die Akzeptanz der Technologie durch Juristen. Viele Anwälte sehen KI-Tools zunächst als Konkurrenz und befürchten, dass ihre Expertise an Bedeutung verliert. Die Integration solcher Systeme erfordert daher eine klare Kommunikation, dass KI die Arbeit von Juristen ergänzt, nicht ersetzt.

2.6 Fazit: Die Zukunft der Vertragsprüfung

Die automatisierte Dokumentenanalyse und Vertragsprüfung ist eines der vielversprechendsten Einsatzgebiete von LegalAI. Die Technologie hat das Potenzial, die Effizienz und Genauigkeit juristischer Arbeit erheblich zu steigern und gleichzeitig die Kosten zu senken. Unternehmen profitieren von schnelleren Prozessen und einer höheren Verlässlichkeit bei der Risikobewertung.

Allerdings erfordert der Einsatz solcher Systeme einen verantwortungsvollen Umgang, insbesondere in Bezug auf Datenschutz und die Haftung für Fehler. LegalAI wird in diesem Bereich weiter wachsen, und es ist davon auszugehen, dass die Vertragsprüfung in den kommenden Jahren noch stärker automatisiert wird. Die Zukunft gehört hybriden Modellen, in denen Mensch und Maschine zusammenarbeiten, um die besten Ergebnisse zu erzielen.

Kapitel 3: Rechtliche Recherche

Die juristische Recherche ist eine der grundlegendsten Aufgaben in der Rechtsbranche. Sie umfasst das Suchen und Analysieren von Gesetzen, Präzedenzfällen, Verordnungen, Kommentaren und anderen rechtlichen Dokumenten, um Mandanten fundiert beraten oder rechtliche Strategien entwickeln zu können. Doch der traditionelle Rechercheprozess ist zeitaufwändig und fehleranfällig. Künstliche Intelligenz (KI) hat das Potenzial, diese Aufgabe radikal zu verändern, indem sie Geschwindigkeit und Präzision erheblich steigert. In diesem Kapitel beleuchten wir die Rolle von KI in der rechtlichen Recherche, die Funktionsweise moderner Recherchetools und die ethischen Herausforderungen, die mit dieser Technologie einhergehen.

3.1 Die Bedeutung der juristischen Recherche

Rechtsanwälte, Richter und juristische Fachkräfte sind darauf angewiesen, stets die aktuellsten und relevantesten rechtlichen Informationen zu kennen. Eine sorgfältige Recherche bildet die Grundlage für:

- **Fundierte Rechtsberatung:** Juristen müssen sicherstellen, dass ihre Argumente auf den geltenden Gesetzen und relevanten Präzedenzfällen basieren.

- **Gerichtliche Verfahren:** Erfolgreiche Klagen oder Verteidigungen hängen oft von der Identifikation passender Präzedenzfälle oder Gesetzesauslegungen ab.

- **Compliance:** Unternehmen benötigen präzise Informationen, um regulatorische Anforderungen zu erfüllen und Strafen zu vermeiden.

Traditionell erfordert diese Arbeit umfangreiche Kenntnisse der Rechtsdatenbanken und die Fähigkeit, in großen Mengen an Dokumenten gezielt nach relevanten Informationen zu suchen. Dieser Prozess ist nicht nur zeitaufwendig, sondern auch anfällig für menschliche Fehler, wie das Übersehen wichtiger Präzedenzfälle oder die Verwendung veralteter Gesetze.

3.2 Wie KI die rechtliche Recherche revolutioniert

KI-basierte Systeme haben die juristische Recherche grundlegend verändert. Sie ermöglichen es, rechtliche Informationen schneller, genauer und umfassender zu analysieren, indem sie moderne Technologien einsetzen wie:

- **Natürliche Sprachverarbeitung (NLP):** Die KI kann juristische Fragen in natürlicher Sprache verstehen und relevante Antworten finden.

- **Maschinelles Lernen:** KI-Systeme lernen aus vergangenen Recherchen, um zukünftige Anfragen effizienter zu beantworten.

- **Big Data und Mustererkennung:** KI kann riesige Mengen an rechtlichen Dokumenten in kürzester Zeit durchsuchen und relevante Muster erkennen.

Der typische Workflow einer KI-gestützten rechtlichen Recherche umfasst die folgenden Schritte:

1. **Frageformulierung:** Der Benutzer gibt eine juristische Frage oder einen Suchbegriff in natürlicher Sprache ein.
2. **Analyse der Datenbanken:** Die KI durchsucht Gesetze, Urteile, Kommentare und andere rechtliche Dokumente nach relevanten Informationen.
3. **Priorisierung der Ergebnisse:** Die KI bewertet die Relevanz der gefundenen Ergebnisse anhand von Kontext, Präzedenzwert und Übereinstimmung mit der Anfrage.
4. **Aufbereitung der Daten:** Die Ergebnisse werden in einer klaren, strukturierten Form präsentiert, oft mit zusätzlichen Empfehlungen oder Querverweisen.

3.3 Tools für KI-gestützte rechtliche Recherche

Mehrere innovative Tools haben sich auf dem Markt etabliert und die juristische Recherche revolutioniert:

ROSS Intelligence

ROSS Intelligence nutzt NLP und maschinelles Lernen, um rechtliche Fragen in natürlicher Sprache zu beantworten. Anstatt Suchbegriffe einzugeben, können Anwälte komplexe Fragen stellen, wie zum Beispiel: „Welche Präzedenzfälle gibt es für Haftungsbeschränkungen in Verträgen?" Das Tool liefert präzise Antworten und verweist auf relevante Urteile, Statuten und Kommentare.

CaseText

CaseText kombiniert maschinelles Lernen mit einem einzigartigen Tool namens „Parallel Search", das es ermöglicht, rechtliche Konzepte anstelle von Schlüsselwörtern zu suchen. Das Tool ist besonders nützlich, um ähnliche Fälle oder Argumentationen zu finden, selbst wenn die Formulierungen in den Dokumenten unterschiedlich sind.

LexisNexis und Westlaw

Obwohl LexisNexis und Westlaw seit Jahrzehnten führende Plattformen für juristische Recherche sind, integrieren sie zunehmend KI-Funktionen. Diese erweitern die Möglichkeiten traditioneller Datenbanken und helfen, relevante Informationen schneller und gezielter zu finden.

Harvey AI

Ein neuer Akteur im Bereich LegalAI, Harvey, nutzt die fortschrittlichen KI-Modelle von OpenAI, um Anwälten eine interaktive, konversationsbasierte Plattform zu bieten. Es ist besonders stark in der Interpretation komplexer Anfragen und der Erstellung von umfassenden Berichten.

3.4 Vorteile der KI-gestützten rechtlichen Recherche

Die Integration von KI in die juristische Recherche bietet zahlreiche Vorteile:

3.4.1 Präzision

KI-Systeme können relevante Informationen genauer identifizieren, da sie sowohl explizite als auch implizite Zusammenhänge in juristischen Texten erkennen.

3.4.2 Geschwindigkeit

Was zuvor Stunden oder sogar Tage dauern konnte, wird dank KI in wenigen Minuten erledigt. Dies spart wertvolle Zeit, die für andere Aufgaben genutzt werden kann.

3.4.3 Kosteneffizienz

Effizientere Rechercheprozesse bedeuten geringere Kosten für Kanzleien und Mandanten, insbesondere bei großen oder komplexen Fällen.

3.4.4 Personalisierung

Durch maschinelles Lernen passen sich KI-Systeme an die Bedürfnisse und Arbeitsweisen ihrer Nutzer an, was die Relevanz der Ergebnisse im Laufe der Zeit weiter verbessert.

3.5 Herausforderungen und ethische Überlegungen

Trotz aller Vorteile gibt es auch Herausforderungen und Risiken, die mit der Nutzung von KI in der rechtlichen Recherche verbunden sind:

3.5.1 Bias in Datensätzen

KI-Systeme sind nur so gut wie die Daten, auf denen sie trainiert wurden. Wenn die Trainingsdaten unvollständig, veraltet oder voreingenommen sind, können auch die Ergebnisse ungenau oder diskriminierend sein. Ein klassisches Beispiel ist der fehlende Zugang zu nicht veröffentlichten Urteilen oder spezifischen regionalen Rechtsquellen.

3.5.2 Datenschutz

Die Verarbeitung sensibler Daten durch KI-Systeme wirft Fragen zum Datenschutz auf. Besonders in Cloud-basierten Anwendungen müssen strenge Sicherheitsstandards gewährleistet sein.

3.5.3 Abhängigkeit von Technologie

Eine übermäßige Abhängigkeit von KI kann dazu führen, dass Juristen grundlegende Recherchefähigkeiten verlieren. Es ist wichtig, dass KI-Tools als Ergänzung und nicht als Ersatz für juristische Expertise betrachtet werden.

3.5.4 Haftungsfragen

Wer trägt die Verantwortung, wenn ein KI-Tool relevante Informationen übersieht oder falsche Empfehlungen gibt? Die Klärung dieser Frage ist sowohl rechtlich als auch ethisch von zentraler Bedeutung.

3.6 Fazit: Synergie zwischen Mensch und Maschine

Die KI-gestützte juristische Recherche markiert einen der bedeutendsten Fortschritte im Rechtswesen. Sie bietet eine beispiellose Kombination aus Präzision, Geschwindigkeit und Kosteneffizienz. Dennoch ist es entscheidend, die Technologie verantwortungsvoll einzusetzen und sicherzustellen, dass menschliche Juristen die Ergebnisse stets kritisch überprüfen und interpretieren.

In der Zukunft werden hybride Arbeitsmodelle, in denen Juristen und KI-Tools eng zusammenarbeiten, zur Norm werden. Diese Zusammenarbeit wird nicht nur die Qualität juristischer Dienstleistungen steigern, sondern auch dazu beitragen, den Zugang zu rechtlichen Informationen und Gerechtigkeit für eine breitere Bevölkerungsschicht zu verbessern. Dieses Kapitel zeigt, wie KI die juristische Recherche bereits heute transformiert und welchen Weg sie in den kommenden Jahren einschlagen könnte.

Kapitel 4: Automatisierung von Standardprozessen

Die Automatisierung juristischer Standardprozesse gehört zu den vielversprechendsten Anwendungen von LegalAI. Sie ermöglicht es, wiederholbare, zeitaufwändige und oft kostspielige Aufgaben effizient zu erledigen, was sowohl Kanzleien als auch Mandanten zugutekommt. Von der Erstellung einfacher Dokumente über Self-Service-Plattformen bis hin zu automatisierten Rechtslösungen – dieser Bereich ist ein Paradebeispiel dafür, wie Künstliche Intelligenz (KI) die juristische Praxis verändert. In diesem Kapitel untersuchen wir die gängigen Anwendungsfälle, Technologien und Herausforderungen im Bereich der Automatisierung.

4.1 Was sind Standardprozesse im Rechtswesen?

Standardprozesse sind wiederkehrende, oft regelbasierte Aufgaben, die in der Rechtsbranche regelmäßig anfallen. Diese Prozesse zeichnen sich durch einen hohen Grad an Standardisierung und geringen Bedarf an kreativer juristischer Interpretation aus. Typische Beispiele umfassen:

- Erstellung von Verträgen, Vollmachten oder Testamentsvorlagen
- Mahnverfahren und Zahlungsaufforderungen
- Erstellung von Datenschutzrichtlinien oder Compliance-Dokumenten
- Automatisierte Bearbeitung von Anträgen, z. B. Kündigungen oder Mieterhöhungen

Traditionell wurden solche Aufgaben manuell von Anwälten, Paralegals oder Sachbearbeitern erledigt. Dieser Ansatz ist jedoch nicht nur zeitaufwändig, sondern führt oft zu hohen Kosten, die Mandanten belasten.

4.2 Wie KI Standardprozesse automatisiert

Die Automatisierung juristischer Prozesse durch KI basiert auf Technologien wie:

- **Regelbasierte Systeme:** Diese folgen festgelegten Regeln, um Entscheidungen zu treffen oder Dokumente zu erstellen.
- **Maschinelles Lernen (ML):** Durch die Analyse von Mustern in großen Datensätzen kann ML Prozesse kontinuierlich verbessern.
- **Natürliche Sprachverarbeitung (NLP):** Ermöglicht die Verarbeitung und Erstellung von Texten, z. B. für Dokumente oder Anfragen.
- **Robotic Process Automation (RPA):** Automatisiert manuelle, repetitive Aufgaben, wie das Ausfüllen von Formularen oder das Versenden von Mahnschreiben.

Ein typischer automatisierter Prozess könnte so aussehen:

1. Der Mandant füllt ein Online-Formular mit den relevanten Informationen aus.

2. Die KI analysiert die Daten und erstellt ein maßgeschneidertes Dokument (z. B. einen Mietvertrag oder ein Kündigungsschreiben).
3. Das Dokument wird geprüft und kann direkt versendet oder digital signiert werden.

4.3 Anwendungsfälle der Automatisierung

4.3.1 Erstellung von juristischen Dokumenten

Einer der am weitesten verbreiteten Anwendungsfälle ist die Erstellung standardisierter juristischer Dokumente. Plattformen wie **LawDepot** oder **Rocket Lawyer** bieten Self-Service-Lösungen, mit denen Nutzer ihre eigenen Verträge, Testamente oder Geschäftsbedingungen erstellen können. Diese Tools nutzen einfache Frage-Antwort-Systeme, um relevante Daten zu sammeln, und generieren anschließend ein rechtlich korrektes Dokument.

4.3.2 Mahnverfahren und Zahlungsaufforderungen

Automatisierte Mahnsysteme wie **Debitos** oder **Inkassosysteme** nutzen KI, um Zahlungsausfälle zu verfolgen und Mahnschreiben automatisch zu generieren und zu versenden. Solche Systeme können auch Eskalationen einleiten, z. B. durch die automatische Weitergabe an Inkassobüros oder die Vorbereitung rechtlicher Schritte.

4.3.3 Self-Service-Lösungen für Mandanten

Tools wie **DoNotPay** bieten Mandanten die Möglichkeit, rechtliche Prozesse eigenständig durchzuführen. Beispiele sind:

- Anfechten von Parkgebühren
- Beantragen von Entschädigungen bei Flugverspätungen
- Erstellung von Kündigungsschreiben

4.3.4 Compliance und Datenschutz

Unternehmen nutzen KI, um Datenschutzrichtlinien, Cookie-Banner oder Compliance-Dokumente zu erstellen und zu verwalten. Solche Tools erkennen potenzielle Schwachstellen und schlagen automatisierte Lösungen vor.

4.4 Vorteile der Automatisierung

Die Automatisierung juristischer Prozesse bietet zahlreiche Vorteile:

4.4.1 Zeit- und Kostenersparnis

Automatisierte Prozesse reduzieren den Arbeitsaufwand erheblich. Was früher Stunden oder Tage dauerte, kann nun in Sekunden erledigt werden. Dies führt zu signifikanten Kosteneinsparungen für Kanzleien und Mandanten.

4.4.2 Skalierbarkeit

Mit automatisierten Systemen können große Mengen an Anfragen gleichzeitig bearbeitet werden, was insbesondere für Unternehmen mit hohem Transaktionsvolumen von Vorteil ist.

4.4.3 Präzision und Konsistenz

KI-basierte Systeme arbeiten mit einer gleichbleibenden Genauigkeit und vermeiden menschliche Fehler, die durch Müdigkeit oder Unachtsamkeit entstehen können.

4.4.4 Zugänglichkeit

Self-Service-Plattformen machen juristische Dienstleistungen für eine breitere Bevölkerungsschicht zugänglich, da sie kostengünstig und einfach zu bedienen sind.

4.5 Herausforderungen und Risiken

Trotz der vielen Vorteile birgt die Automatisierung von Standardprozessen auch Herausforderungen:

4.5.1 Datenschutz und Datensicherheit

Die Verarbeitung sensibler Daten durch automatisierte Systeme erfordert strenge Sicherheitsmaßnahmen. Besonders bei cloudbasierten Plattformen besteht die Gefahr von Datenlecks.

4.5.2 Fehlende Individualität

Automatisierte Lösungen sind auf Standardprozesse beschränkt und können komplexe oder ungewöhnliche Fälle oft nicht abdecken. Mandanten könnten dadurch unzureichend beraten werden.

4.5.3 Akzeptanz in der Branche

Einige Juristen sehen die Automatisierung skeptisch, da sie befürchten, dass ihre Arbeit entwertet wird. Es ist wichtig, klarzustellen, dass KI lediglich unterstützend wirkt und komplexe juristische Aufgaben weiterhin menschliches Fachwissen erfordern.

4.5.4 Regulierungsfragen

Die zunehmende Automatisierung wirft Fragen nach der Haftung auf. Wer ist verantwortlich, wenn ein Fehler in einem automatisierten Prozess auftritt – die Software, der Anbieter oder der Endnutzer?

4.6 Auswirkungen auf kleine Kanzleien und Mandanteninteraktionen

Die Automatisierung hat besonders für kleine Kanzleien transformative Auswirkungen:

- **Effizienzsteigerung:** Kanzleien können mit weniger Personal eine größere Anzahl von Mandanten betreuen.
- **Kostensenkung:** Automatisierte Prozesse reduzieren Fixkosten, was insbesondere für kleine Kanzleien von Vorteil ist.

- **Veränderte Mandanteninteraktion:** Mandanten erwarten zunehmend digitale und automatisierte Lösungen. Kanzleien müssen sich anpassen, um wettbewerbsfähig zu bleiben.

4.7 Fazit: Die Zukunft der Automatisierung

Die Automatisierung juristischer Standardprozesse ist ein zentraler Schritt in Richtung einer effizienteren und zugänglicheren Rechtsbranche. KI-basierte Systeme entlasten Juristen von monotonen Aufgaben und ermöglichen es, sich auf komplexere und strategische Arbeiten zu konzentrieren. Gleichzeitig profitieren Mandanten von schnelleren, präziseren und kostengünstigeren Dienstleistungen.

Die Zukunft gehört hybriden Modellen, in denen automatisierte Tools die erste Anlaufstelle für Standardanfragen sind, während menschliche Juristen bei komplexeren oder spezialisierten Anliegen eingreifen. Die Herausforderung besteht darin, einen verantwortungsvollen und sicheren Einsatz der Technologie zu gewährleisten, um die Vorteile zu maximieren und die Risiken zu minimieren. Dieses Kapitel zeigt, wie LegalAI nicht nur Effizienz, sondern auch neue Möglichkeiten für eine moderne, digitalisierte Rechtswelt schafft.

Kapitel 5: Rechtsanalyse und Prognosen

In einer sich schnell wandelnden Welt, in der Daten das neue Gold sind, wird die Fähigkeit, aus rechtlichen Informationen verwertbare Erkenntnisse zu gewinnen, immer wichtiger. Die Rechtsanalyse und Prognose gehört zu den spannendsten und zugleich umstrittensten Anwendungen von Künstlicher Intelligenz (KI) im Rechtswesen. KI-Systeme können nicht nur bestehende juristische Sachverhalte analysieren, sondern auch Vorhersagen zu rechtlichen Ergebnissen treffen – sei es in Bezug auf den Ausgang eines Gerichtsverfahrens oder auf Trends in der Rechtsprechung.

In diesem Kapitel untersuchen wir, wie KI in der Rechtsanalyse und bei Prognosen eingesetzt wird, welche Technologien dies ermöglichen und welche Herausforderungen und Risiken damit verbunden sind.

5.1 Die Bedeutung von Rechtsanalyse und Prognosen

Die Rechtsanalyse und die Prognose von rechtlichen Entwicklungen spielen in vielen Bereichen eine entscheidende Rolle:

- **Gerichtliche Verfahren:** Anwälte und Mandanten möchten wissen, welche Erfolgsaussichten eine Klage hat und welche Risiken damit verbunden sind.
- **Unternehmensstrategien:** Unternehmen müssen rechtliche Risiken bewerten, bevor sie Entscheidungen treffen, etwa bei Fusionen, Übernahmen oder der Einführung neuer Produkte.
- **Gesetzesauslegung:** Juristen versuchen, die Interpretation von Gesetzen vorherzusehen, insbesondere in komplexen oder neuartigen Rechtsfragen.

Traditionell stützte sich die Rechtsanalyse auf die Erfahrung und Intuition von Juristen, kombiniert mit der Analyse von Präzedenzfällen und gesetzlichen Regelungen. KI kann diese Prozesse revolutionieren, indem sie riesige Datenmengen analysiert und Muster erkennt, die für den Menschen schwer zu erfassen sind.

5.2 Wie KI die Rechtsanalyse und Prognosen unterstützt

KI-gestützte Rechtsanalyse und Prognosetools nutzen fortschrittliche Technologien, um Daten zu analysieren und Vorhersagen zu treffen:

- **Maschinelles Lernen (Machine Learning):** Algorithmen analysieren historische Daten, wie Gerichtsurteile, und lernen daraus Muster, die für zukünftige Entscheidungen relevant sein könnten.
- **Natural Language Processing (NLP):** Ermöglicht es der KI, rechtliche Texte wie Urteile oder Gesetze zu verstehen und zu analysieren.
- **Predictive Analytics:** Diese Technik nutzt statistische Modelle, um auf Basis historischer Daten zukünftige Ereignisse oder Trends vorherzusagen.

Der Workflow einer typischen KI-gestützten Rechtsanalyse könnte wie folgt aussehen:

1. **Dateninput:** Die KI erhält Zugang zu relevanten rechtlichen Daten, wie Gerichtsurteilen, Gesetzestexten oder Verträgen.
2. **Analyse:** Der Algorithmus analysiert die Daten, identifiziert Muster und zieht Schlüsse aus der Vergangenheit.
3. **Prognose:** Basierend auf der Analyse erstellt die KI Vorhersagen, z. B. über die Erfolgsaussichten einer Klage oder die Wahrscheinlichkeit bestimmter Urteilstendenzen.
4. **Berichtserstellung:** Die Ergebnisse werden in einer verständlichen und nutzbaren Form präsentiert, oft mit Empfehlungen oder Risikobewertungen.

5.3 Fallvorhersagen durch KI

Eine der faszinierendsten Anwendungen von KI ist die Vorhersage des Ausgangs von Gerichtsverfahren. Systeme wie **Lex Machina** oder **Premonition** haben gezeigt, wie mächtig diese Technologie sein kann:

- **Lex Machina:** Analysiert Millionen von Gerichtsentscheidungen und bietet Einblicke in das Verhalten von Richtern, Kanzleien und Unternehmen. Anwälte können diese Informationen nutzen, um ihre Strategien zu optimieren.
- **Premonition:** Ein KI-Tool, das Richterbewertungen auf Basis ihrer Urteilsdaten erstellt. Es zeigt z. B., wie oft ein bestimmter Richter zugunsten einer Partei entscheidet, und ermöglicht so eine datenbasierte Prozessstrategie.

Solche Tools bieten wertvolle Einblicke, beispielsweise:

- Wie wahrscheinlich ist es, dass ein bestimmter Richter in einem Fall zu einem bestimmten Ergebnis kommt?
- Welche Argumentationen waren in ähnlichen Fällen erfolgreich?

Diese Informationen können Anwälten helfen, ihre Mandanten besser zu beraten und ihre Argumentationen zu stärken.

5.4 Predictive Analytics: Trends in Gerichtsentscheidungen erkennen

Predictive Analytics geht über die individuelle Fallvorhersage hinaus. Es ermöglicht, umfassende Trends und Muster in der Rechtsprechung zu erkennen:

- **Trendanalyse:** KI kann erkennen, wie sich Gerichtsentscheidungen über die Zeit entwickeln. Beispielsweise könnten Veränderungen in der Rechtsprechung zu Datenschutz oder Arbeitsrecht frühzeitig erkannt werden.

- **Compliance und Risikoanalyse:** Unternehmen können mithilfe von Predictive Analytics vorhersehen, welche regulatorischen Veränderungen auf sie zukommen könnten, und ihre Strategien entsprechend anpassen.
- **Policymaking:** Regierungen und Organisationen können Trends in der Gesetzesanwendung analysieren, um politische Entscheidungen fundierter zu treffen.

5.5 Herausforderungen und Risiken

Trotz der beeindruckenden Möglichkeiten birgt der Einsatz von KI in der Rechtsanalyse und bei Prognosen auch erhebliche Herausforderungen:

5.5.1 Datenqualität

Die Qualität der Vorhersagen hängt stark von den Daten ab, die die KI analysiert. Wenn diese Daten unvollständig, fehlerhaft oder voreingenommen sind, können die Ergebnisse unzuverlässig sein.

5.5.2 Bias in Algorithmen

KI-Systeme können bestehende Vorurteile in den Daten verstärken. Beispielsweise könnten historische Daten, die systematische Diskriminierung widerspiegeln, dazu führen, dass die KI ähnliche Muster reproduziert.

5.5.3 Fehlende Transparenz

Viele KI-Modelle, insbesondere solche, die auf Deep Learning basieren, sind schwer verständlich (sogenannte „Black Boxes"). Dies wirft Fragen zur Nachvollziehbarkeit und zur Haftung auf.

5.5.4 Begrenzte Vorhersagekraft

Obwohl KI beeindruckende Muster erkennen kann, bleibt das Recht ein komplexes und oft unvorhersehbares Feld. Menschliche Intuition, Ethik und unvorhergesehene Umstände spielen eine wichtige Rolle, die KI nicht vollständig abbilden kann.

5.6 Kann KI menschliche Intuition und rechtliches Urteilsvermögen ersetzen?

Eine zentrale Frage ist, ob KI jemals in der Lage sein wird, die Intuition und das Urteilsvermögen eines erfahrenen Juristen zu ersetzen. Die Antwort liegt in der Zusammenarbeit: KI kann keine moralischen oder ethischen Entscheidungen treffen und versteht den sozialen Kontext von Recht nicht vollständig. Sie dient jedoch als mächtiges Werkzeug, das Juristen unterstützt, präzise Analysen durchzuführen und fundierte Entscheidungen zu treffen.

5.7 Fazit: Die Rolle von Rechtsanalyse und Prognosen in der Zukunft

Die Nutzung von KI in der Rechtsanalyse und bei Prognosen markiert einen der bedeutendsten Fortschritte im Rechtswesen. Sie bietet eine Kombination aus

Geschwindigkeit, Präzision und Tiefe, die von menschlichen Juristen allein kaum erreicht werden kann. Dennoch bleibt der Mensch ein zentraler Akteur – als Entscheider, Interpret und ethischer Wächter.

Die Zukunft gehört hybriden Modellen, in denen Juristen und KI-Tools eng zusammenarbeiten, um die besten Ergebnisse zu erzielen. Von der Unterstützung bei Fallstrategien bis hin zur Identifikation langfristiger Trends hat KI das Potenzial, das Rechtssystem gerechter, effizienter und transparenter zu machen. Doch wie bei jeder mächtigen Technologie erfordert ihr Einsatz eine sorgfältige und verantwortungsvolle Umsetzung. Dieses Kapitel zeigt, wie LegalAI nicht nur Werkzeuge, sondern auch neue Perspektiven für die Rechtswelt schafft.

Kapitel 6: LegalTech-Plattformen und deren Anwendung

Mit der fortschreitenden Digitalisierung der Rechtsbranche sind LegalTech-Plattformen zu einem entscheidenden Bestandteil moderner Rechtsdienstleistungen geworden. Diese Plattformen kombinieren technologische Innovationen mit juristischem Fachwissen, um Prozesse zu automatisieren, die Effizienz zu steigern und neue Dienstleistungen anzubieten. LegalTech ist der praktische Arm von LegalAI, und dieses Kapitel widmet sich einer detaillierten Analyse der führenden Plattformen, ihrer Einsatzmöglichkeiten und ihrer Integration in die Rechtsbranche.

6.1 Was sind LegalTech-Plattformen?

LegalTech-Plattformen sind Softwarelösungen, die speziell entwickelt wurden, um juristische Aufgaben durch Technologie zu unterstützen oder vollständig zu automatisieren. Sie decken eine breite Palette von Anwendungen ab, darunter:

- Dokumentenerstellung und -verwaltung
- Vertragsanalyse
- Rechtsrecherche
- Compliance-Management
- Litigation Support (Prozessunterstützung)

Diese Plattformen nutzen Technologien wie maschinelles Lernen, natürliche Sprachverarbeitung (NLP) und Big-Data-Analysen, um juristische Aufgaben schneller und präziser zu erledigen. Sie richten sich nicht nur an Anwälte und Kanzleien, sondern auch an Unternehmen, die interne rechtliche Prozesse optimieren möchten.

6.2 Marktübersicht: Die führenden LegalTech-Unternehmen

Der Markt für LegalTech-Plattformen wächst rasant. Hier sind einige der bekanntesten Unternehmen und Plattformen, die die Branche maßgeblich geprägt haben:

6.2.1 Kira Systems

Kira Systems ist ein führendes Tool für Vertragsanalyse und -management. Es verwendet maschinelles Lernen, um Verträge zu durchsuchen und relevante Klauseln oder Risiken zu identifizieren. Besonders bei Fusionen und Übernahmen (M&A) ist Kira ein unverzichtbares Werkzeug geworden.

6.2.2 Luminance

Luminance kombiniert maschinelles Lernen mit natürlicher Sprachverarbeitung, um Vertragsprüfungen zu beschleunigen. Es bietet eine intuitive Benutzeroberfläche und erkennt automatisch Abweichungen von Standardklauseln, was es ideal für die Risikobewertung macht.

6.2.3 ROSS Intelligence

ROSS Intelligence ist eine Plattform für juristische Recherche. Sie ermöglicht es Anwälten, Fragen in natürlicher Sprache zu stellen und schnell relevante Gesetze, Urteile und Kommentare zu finden.

6.2.4 DocuSign und PandaDoc

Diese Plattformen automatisieren die Erstellung und Verwaltung von Verträgen sowie den digitalen Signaturprozess. Sie sind besonders für Unternehmen von Vorteil, die viele Verträge verwalten müssen.

6.2.5 CaseText

CaseText revolutioniert die juristische Recherche mit Funktionen wie „Parallel Search", die es ermöglichen, rechtliche Konzepte statt Schlüsselwörter zu suchen. Dies verbessert die Genauigkeit und Relevanz der Suchergebnisse.

6.2.6 LegalZoom

LegalZoom ist eine der bekanntesten Plattformen für Privatpersonen und kleine Unternehmen. Sie bietet einfache Lösungen zur Erstellung rechtlicher Dokumente, wie Geschäftsgründungen, Testamente oder Markenanmeldungen.

6.3 Einsatzgebiete von LegalTech-Plattformen

LegalTech-Plattformen werden in verschiedenen Bereichen der Rechtsbranche eingesetzt:

6.3.1 Vertragsmanagement

Tools wie Kira Systems oder Luminance ermöglichen die automatisierte Prüfung und Verwaltung von Verträgen. Unternehmen können dadurch Risiken besser identifizieren und Vertragsprozesse beschleunigen.

6.3.2 Rechtsrecherche

Plattformen wie ROSS Intelligence oder CaseText revolutionieren die juristische Recherche. Sie bieten präzisere Ergebnisse und sparen Anwälten Stunden an Arbeit.

6.3.3 Compliance und Risikomanagement

Unternehmen nutzen LegalTech-Plattformen, um regulatorische Anforderungen zu erfüllen und Risiken zu minimieren. Sie helfen bei der Erstellung von Datenschutzrichtlinien, der Überwachung von Vorschriften und der Automatisierung von Auditprozessen.

6.3.4 Automatisierung von Dokumenten

Tools wie DocuSign oder LegalZoom erleichtern die Erstellung, Verwaltung und elektronische Signatur von Dokumenten. Dies reduziert nicht nur die Bearbeitungszeit, sondern auch den Papierverbrauch.

6.3.5 Litigation Support

Litigation-Support-Tools helfen Anwälten, sich auf Gerichtsverfahren vorzubereiten, indem sie relevante Dokumente analysieren, Beweise organisieren und strategische Einblicke liefern.

6.4 Vorteile der Integration von LegalTech

LegalTech-Plattformen bieten zahlreiche Vorteile für Kanzleien, Unternehmen und Mandanten:

6.4.1 Effizienzsteigerung

Durch Automatisierung und KI-gestützte Analysen können Prozesse schneller und mit geringerem Arbeitsaufwand durchgeführt werden. Dies spart wertvolle Zeit, die für strategische Aufgaben genutzt werden kann.

6.4.2 Kostenreduktion

Die Automatisierung juristischer Aufgaben reduziert die Kosten für Kanzleien und Unternehmen. Mandanten profitieren von erschwinglicheren Dienstleistungen.

6.4.3 Präzision und Konsistenz

LegalTech-Plattformen arbeiten mit einer gleichbleibenden Genauigkeit und minimieren das Risiko menschlicher Fehler. Sie garantieren konsistente Ergebnisse, unabhängig von der Komplexität der Aufgabe.

6.4.4 Zugänglichkeit

Durch einfache Benutzeroberflächen und erschwingliche Preise machen viele LegalTech-Plattformen rechtliche Dienstleistungen für eine breitere Bevölkerungsschicht zugänglich.

6.5 Herausforderungen bei der Integration von LegalTech

Trotz ihrer zahlreichen Vorteile gibt es auch Herausforderungen, die bei der Einführung von LegalTech berücksichtigt werden müssen:

6.5.1 Akzeptanz durch Juristen

Einige Juristen stehen LegalTech skeptisch gegenüber, da sie befürchten, dass ihre Arbeit durch automatisierte Prozesse ersetzt wird. Es ist wichtig, LegalTech als unterstützendes Werkzeug und nicht als Bedrohung zu positionieren.

6.5.2 Datenschutz und Sicherheit

LegalTech-Plattformen arbeiten oft mit sensiblen Daten. Die Gewährleistung von Datenschutz und Cybersicherheit ist entscheidend, um das Vertrauen von Kanzleien und Mandanten zu gewinnen.

6.5.3 Technologische Integration

Die Integration neuer Tools in bestehende Arbeitsabläufe kann herausfordernd sein, insbesondere für Kanzleien, die noch stark auf traditionelle Arbeitsweisen setzen.

6.5.4 Haftungsfragen

Wer haftet, wenn eine LegalTech-Plattform falsche Ergebnisse liefert oder einen Fehler macht? Diese Frage bleibt rechtlich oft ungeklärt und muss in Zukunft stärker geregelt werden.

6.6 Die Zukunft von LegalTech

Die Entwicklung von LegalTech steht erst am Anfang. Künftige Plattformen werden noch leistungsfähiger, benutzerfreundlicher und vielseitiger sein. Zu den erwarteten Trends gehören:

- **Vollständig integrierte Ökosysteme:** Plattformen, die alle juristischen Aufgaben – von der Recherche bis zur Dokumentenerstellung – in einem System vereinen.
- **KI-gesteuerte Strategieberatung:** Tools, die nicht nur Informationen liefern, sondern auch strategische Empfehlungen geben.
- **Globale Skalierbarkeit:** LegalTech-Plattformen werden grenzüberschreitend agieren, um internationale Rechtsprobleme zu lösen.

6.7 Fazit: LegalTech als Gamechanger

LegalTech-Plattformen sind der Schlüssel zur Transformation der Rechtsbranche. Sie bieten innovative Lösungen für langjährige Probleme und eröffnen neue Möglichkeiten, juristische Dienstleistungen effizienter und zugänglicher zu gestalten. Die Integration solcher Technologien erfordert jedoch eine sorgfältige Planung, um sicherzustellen, dass sie die Arbeit von Juristen unterstützt und nicht ersetzt.

Dieses Kapitel zeigt, wie LegalTech nicht nur Kanzleien und Unternehmen, sondern auch Mandanten zugutekommt. Die Zukunft der Rechtsbranche ist digital – und LegalTech ist der Motor dieser Entwicklung.

Kapitel 7: Künstliche Intelligenz in der Rechtsprechung

Die Rechtsprechung ist ein zentraler Pfeiler der Rechtsordnung und des gesellschaftlichen Zusammenlebens. Mit der Einführung von Künstlicher Intelligenz (KI) in juristischen Prozessen eröffnen sich neue Möglichkeiten, aber auch bedeutende Herausforderungen. KI kann in Gerichtsverfahren und Verwaltungsverfahren eingesetzt werden, um die Arbeit von Richtern, Anwälten und Behörden zu unterstützen. In diesem Kapitel betrachten wir die verschiedenen Einsatzmöglichkeiten, Vorteile und Risiken von KI in der Rechtsprechung sowie die damit verbundenen ethischen und rechtlichen Fragestellungen.

7.1 Die Rolle der KI in der Rechtsprechung

Die Rechtsprechung umfasst eine Vielzahl von Aufgaben, von der Analyse rechtlicher Sachverhalte bis hin zur Urteilsfindung. KI kann in diesem Kontext als unterstützendes Werkzeug dienen, um:

- Entscheidungen datenbasiert zu fundieren,
- Verwaltungsprozesse zu automatisieren,
- die Effizienz und Transparenz von Gerichtsverfahren zu verbessern.

KI wird nicht als Ersatz für Richter und Anwälte gesehen, sondern als Mittel, um die Rechtsprechung objektiver, schneller und zugänglicher zu gestalten. Besonders in Ländern mit überlasteten Justizsystemen könnte KI dazu beitragen, den Zugang zur Justiz zu verbessern.

7.2 Einsatzmöglichkeiten von KI in Gerichtsverfahren

7.2.1 Unterstützung bei der Entscheidungsfindung

KI kann Richter bei der Analyse von Fällen unterstützen, indem sie:

- **Vergleichbare Präzedenzfälle** aus einer Vielzahl von Gerichtsurteilen identifiziert,
- **Muster in Urteilen** aufzeigt, die auf relevante rechtliche Grundsätze hinweisen,
- **Prognosen über Erfolgsaussichten** von bestimmten Argumentationen oder Klagen erstellt.

Beispiel: In den USA wird KI von einigen Gerichten verwendet, um bei der Strafzumessung Risikobewertungen vorzunehmen. Systeme wie **COMPAS** analysieren Daten, um einzuschätzen, ob ein Angeklagter eine erneute Straftat begehen könnte.

7.2.2 Automatisierung von Verwaltungsverfahren

In Verwaltungsverfahren, etwa bei Einwanderungsanträgen oder Sozialleistungen, kann KI eingesetzt werden, um Entscheidungen zu automatisieren. Ein Beispiel ist die automatische Prüfung von Steuererklärungen oder die Bearbeitung von Anträgen auf finanzielle Unterstützung.

7.2.3 Verfahrensmanagement

KI-Systeme können das Management von Gerichtsverfahren effizienter gestalten, indem sie:

- Verfahrensdaten organisieren,
- Prozessbeteiligte automatisch informieren,
- Fristen und Termine überwachen.

Beispiel: In Großbritannien wird ein KI-gestütztes System namens **CaseLines** verwendet, um digitale Fallakten zu verwalten. Dies reduziert den Papieraufwand und erleichtert den Zugang zu Informationen.

7.3 Vorteile von KI in der Rechtsprechung

7.3.1 Effizienz

KI kann große Datenmengen in Sekunden analysieren, was die Bearbeitungszeit von Fällen erheblich verkürzt. Dies ist besonders in überlasteten Justizsystemen von Vorteil, wo Prozesse oft Jahre dauern können.

7.3.2 Objektivität

Im Idealfall kann KI dazu beitragen, subjektive Vorurteile in der Rechtsprechung zu reduzieren. Algorithmen basieren auf Daten und bewerten Fälle nach klar definierten Kriterien.

7.3.3 Kostensenkung

Durch die Automatisierung von Verwaltungsverfahren und die Unterstützung bei der Entscheidungsfindung können Kosten gesenkt werden, sowohl für Gerichte als auch für Parteien.

7.3.4 Zugang zur Justiz

KI-Systeme können dazu beitragen, den Zugang zur Justiz zu verbessern, insbesondere für benachteiligte Bevölkerungsgruppen. Automatisierte Prozesse machen Verfahren günstiger und schneller.

7.4 Risiken und Herausforderungen

Trotz der vielversprechenden Möglichkeiten birgt der Einsatz von KI in der Rechtsprechung auch erhebliche Risiken:

7.4.1 Transparenz und Nachvollziehbarkeit

Viele KI-Modelle, insbesondere solche, die auf maschinellem Lernen basieren, agieren als „Black Boxes". Die Entscheidungswege sind oft nicht nachvollziehbar, was in einem Rechtsstaat problematisch ist. Richter und Parteien müssen verstehen können, wie ein Algorithmus zu einer Empfehlung kommt.

7.4.2 Bias und Diskriminierung

Algorithmen können bestehende Vorurteile in den Daten, mit denen sie trainiert wurden, verstärken. Ein bekanntes Beispiel ist **COMPAS**, das dafür kritisiert wurde, systematische Benachteiligungen gegenüber ethnischen Minderheiten in den USA zu reproduzieren.

7.4.3 Haftung

Wer trägt die Verantwortung, wenn eine KI-gestützte Entscheidung falsch ist oder zu Unrecht getroffen wurde? Die Klärung von Haftungsfragen ist essenziell, bevor KI flächendeckend in der Rechtsprechung eingesetzt werden kann.

7.4.4 Verlust der menschlichen Dimension

Rechtsprechung ist nicht nur eine Frage von Logik und Daten, sondern auch von Ethik, Empathie und sozialem Verständnis. Die Gefahr besteht, dass KI die menschliche Dimension des Rechtswesens verdrängt.

7.5 Regulatorische Anforderungen und ethische Fragen

Der Einsatz von KI in der Rechtsprechung erfordert klare gesetzliche und ethische Rahmenbedingungen:

- **Transparenzpflichten:** Algorithmen müssen so gestaltet sein, dass ihre Funktionsweise nachvollziehbar ist.
- **Regulierungsstandards:** Es braucht internationale Standards für den Einsatz von KI in der Rechtsprechung, um Missbrauch zu verhindern.
- **Ethische Leitlinien:** KI sollte so programmiert werden, dass sie menschenrechtliche Standards einhält und Diskriminierung vermeidet.

Einige Länder haben bereits regulatorische Maßnahmen ergriffen. Die Europäische Union entwickelt beispielsweise eine **Regulation for Artificial Intelligence**, die den Einsatz von Hochrisiko-KI-Systemen, einschließlich solcher im Rechtswesen, regulieren soll.

7.6 Zukunftsperspektiven: KI und die Justiz

In der Zukunft könnten KI-Systeme noch stärker in die Rechtsprechung integriert werden:

- **Virtuelle Richter:** In einfachen Fällen könnten KI-Systeme Urteile fällen, etwa bei Ordnungswidrigkeiten oder geringfügigen Streitigkeiten.
- **Globale Justizplattformen:** KI könnte dazu beitragen, globale Standards in der Rechtsprechung zu fördern und internationale Streitigkeiten zu lösen.
- **Adaptive Systeme:** KI-Modelle könnten kontinuierlich aus neuen Daten lernen und so ihre Genauigkeit und Relevanz verbessern.

Trotz dieser Möglichkeiten bleibt die zentrale Rolle des Menschen in der Rechtsprechung unverzichtbar. KI wird eine unterstützende, aber nicht ersetzende Funktion einnehmen.

7.7 Fazit: Ein Werkzeug mit Verantwortung

KI in der Rechtsprechung bietet enorme Chancen, das Justizsystem effizienter, transparenter und zugänglicher zu gestalten. Gleichzeitig dürfen die Risiken nicht unterschätzt werden. Der verantwortungsvolle Einsatz von KI erfordert klare gesetzliche Rahmenbedingungen, technologische Transparenz und die Sicherstellung, dass der Mensch die zentrale Entscheidungsinstanz bleibt.

Dieses Kapitel zeigt, dass KI nicht die Lösung aller Probleme in der Justiz ist, sondern ein Werkzeug, das, wenn es richtig eingesetzt wird, die Rechtsprechung revolutionieren kann – zugunsten einer gerechteren und moderneren Justiz.

Kapitel 8: Ethik und Regulierung von LegalAI

Die Integration von Künstlicher Intelligenz (KI) in die Rechtsbranche bietet immense Chancen, bringt jedoch auch eine Vielzahl von ethischen und regulatorischen Herausforderungen mit sich. Wie kann sichergestellt werden, dass KI-Systeme fair und transparent arbeiten? Wer trägt die Verantwortung, wenn KI-gestützte Entscheidungen falsch oder diskriminierend sind? Welche gesetzlichen Rahmenbedingungen müssen geschaffen werden, um den Einsatz von LegalAI zu regulieren? Dieses Kapitel widmet sich diesen Fragen und bietet eine tiefgehende Analyse der ethischen und regulatorischen Aspekte von LegalAI.

8.1 Ethische Herausforderungen beim Einsatz von LegalAI

Die Nutzung von KI im Rechtswesen stellt sowohl für Juristen als auch für Entwickler grundlegende ethische Fragen. Dabei sind insbesondere folgende Aspekte zu berücksichtigen:

8.1.1 Datenschutz und Vertraulichkeit

Juristische Daten sind oft hochsensibel, da sie persönliche, finanzielle oder geschäftliche Informationen enthalten. KI-Systeme müssen sicherstellen, dass diese Daten:

- nicht unbefugt zugänglich gemacht werden,
- nicht für andere Zwecke als die ursprünglich vorgesehenen genutzt werden,
- durch robuste Sicherheitsmaßnahmen geschützt sind.

Cloud-basierte KI-Lösungen verstärken diese Problematik, da Daten oft außerhalb der Kontrolle der Nutzer verarbeitet werden. Eine Missachtung des Datenschutzes kann schwerwiegende Konsequenzen haben, sowohl rechtlich als auch reputationsbezogen.

8.1.2 Diskriminierung und Bias

KI-Modelle lernen aus bestehenden Daten, die oft gesellschaftliche Vorurteile oder Diskriminierungen widerspiegeln. Beispiele für solche Bias-Probleme im Recht sind:

- Diskriminierende Strafzumessungsentscheidungen, wie sie bei KI-Systemen wie COMPAS aufgetreten sind.
- Bevorzugung von Parteien in rechtlichen Verfahren aufgrund unausgewogener Datensätze.

Solche Verzerrungen können das Vertrauen in die Rechtsprechung untergraben und bestehende Ungleichheiten verstärken.

8.1.3 Transparenz und Nachvollziehbarkeit

Viele KI-Modelle sind sogenannte „Black Boxes", bei denen weder Nutzer noch Entwickler vollständig nachvollziehen können, wie ein Algorithmus zu einer bestimmten Entscheidung kommt. Dies steht im Widerspruch zu den Anforderungen an die Nachvollziehbarkeit und Transparenz, die für ein gerechtes Rechtssystem essenziell sind.

8.1.4 Menschliche Kontrolle

Der Einsatz von KI darf nicht dazu führen, dass die menschliche Entscheidungsfindung verdrängt wird. Besonders bei ethisch sensiblen Fragen, wie der Festlegung von Strafen oder der Entscheidung über Haft, muss der Mensch die zentrale Rolle behalten.

8.2 Regulatorische Herausforderungen

Die rechtliche Regulierung von KI im Rechtswesen steckt noch in den Kinderschuhen. Dennoch gibt es erste Initiativen und Überlegungen, wie LegalAI gesetzlich reguliert werden kann. Zu den wichtigsten Herausforderungen gehören:

8.2.1 Haftungsfragen

Wer ist verantwortlich, wenn eine KI eine falsche Entscheidung trifft? Diese Frage ist insbesondere relevant in folgenden Fällen:

- Ein KI-Tool empfiehlt eine fehlerhafte Vertragsklausel, die finanzielle Verluste verursacht.
- Ein Algorithmus trifft eine diskriminierende Entscheidung, die zu rechtlichen Konsequenzen führt.

Die Verantwortung könnte auf verschiedene Akteure verteilt werden, z. B.:

- Entwickler des KI-Systems,
- Anbieter der Software,
- Nutzer des Systems (z. B. Anwälte, Richter).

8.2.2 Standardisierung und Zertifizierung

Es gibt derzeit keine einheitlichen Standards, die den Einsatz von LegalAI regeln. Standardisierung und Zertifizierung könnten dazu beitragen, die Qualität und Sicherheit von KI-Systemen zu gewährleisten. Zertifikate könnten beispielsweise die Einhaltung von Datenschutzbestimmungen, Bias-Prüfungen und Sicherheitsstandards bescheinigen.

8.2.3 Internationale Regulierung

Da viele LegalAI-Systeme grenzüberschreitend eingesetzt werden, müssen internationale Standards entwickelt werden, um Rechtsunsicherheiten zu vermeiden. Dies gilt insbesondere in globalisierten Bereichen wie internationalem Handelsrecht oder Compliance.

8.3 Aktuelle Ansätze zur Regulierung von LegalAI

Einige Länder und Institutionen haben bereits erste Maßnahmen ergriffen, um KI im Rechtswesen zu regulieren:

8.3.1 Europäische Union

Die EU hat mit dem **Artificial Intelligence Act (AI Act)** einen Vorschlag für eine umfassende Regulierung von KI-Systemen vorgelegt. Der Vorschlag sieht vor:

- Hochrisiko-KI-Systeme, einschließlich solcher, die in der Rechtsprechung verwendet werden, besonders zu überwachen.
- Transparenzanforderungen für KI-Modelle einzuführen.
- Sanktionen für Verstöße gegen die Vorschriften.

8.3.2 USA

In den USA gibt es derzeit keine einheitliche Regulierung von KI. Stattdessen sind die Regulierungsbemühungen stark fragmentiert und variieren von Bundesstaat zu Bundesstaat. Gleichzeitig gibt es jedoch Diskussionen über die Notwendigkeit eines nationalen Rechtsrahmens für KI.

8.3.3 Internationale Initiativen

Organisationen wie die **OECD** und die **UNESCO** haben Leitlinien für den ethischen Einsatz von KI veröffentlicht. Diese Leitlinien sind zwar nicht rechtlich bindend, bieten jedoch wertvolle Orientierungspunkte für die Entwicklung gesetzlicher Regelungen.

8.4 Leitlinien und Standards für den Einsatz von LegalAI

Um die ethischen und regulatorischen Herausforderungen zu bewältigen, sollten klare Leitlinien und Standards entwickelt werden. Wichtige Prinzipien sind:

8.4.1 Fairness

LegalAI-Systeme müssen frei von Diskriminierung und Bias sein. Dies erfordert umfassende Tests und die regelmäßige Überprüfung der Daten, auf denen die Systeme basieren.

8.4.2 Transparenz

Entscheidungen von KI-Systemen müssen für die Nutzer nachvollziehbar sein. Dies könnte durch sogenannte „Explainable AI"-Ansätze erreicht werden, die transparent darlegen, wie ein Algorithmus zu seiner Entscheidung gekommen ist.

8.4.3 Sicherheit

LegalAI-Systeme müssen so gestaltet sein, dass sie vor Cyberangriffen geschützt sind und die Vertraulichkeit sensibler Daten gewährleisten.

8.4.4 Menschliche Kontrolle

Jede KI-gestützte Entscheidung sollte von einem Menschen überprüft werden können. Der Einsatz von LegalAI darf nicht dazu führen, dass menschliche Juristen vollständig ersetzt werden.

8.5 Die Verantwortung von Entwicklern und Juristen

Die Verantwortung für den ethischen Einsatz von LegalAI liegt sowohl bei den Entwicklern als auch bei den Juristen, die die Technologie nutzen:

8.5.1 Entwickler

Entwickler von LegalAI-Systemen müssen sicherstellen, dass ihre Produkte:

- keine diskriminierenden oder fehlerhaften Entscheidungen treffen,
- benutzerfreundlich und sicher sind,
- die Möglichkeit bieten, Ergebnisse zu erklären und zu überprüfen.

8.5.2 Juristen

Juristen, die LegalAI einsetzen, müssen über die Funktionsweise der Systeme Bescheid wissen, um deren Ergebnisse kritisch hinterfragen zu können. Außerdem tragen sie die Verantwortung, KI-Ergebnisse in ihren rechtlichen Kontext einzuordnen.

8.6 Fazit: Ein Balanceakt zwischen Innovation und Verantwortung

LegalAI bietet die Chance, die Rechtsbranche effizienter und zugänglicher zu gestalten. Gleichzeitig erfordert ihr Einsatz ein hohes Maß an Verantwortungsbewusstsein. Die Entwicklung klarer ethischer und regulatorischer Rahmenbedingungen ist entscheidend, um die Vorteile der Technologie zu nutzen und die Risiken zu minimieren.

Dieses Kapitel zeigt, dass die Zukunft von LegalAI nicht nur von technologischen Fortschritten abhängt, sondern vor allem von der Fähigkeit, diese Fortschritte ethisch und rechtlich verantwortungsvoll zu gestalten. Nur durch eine enge Zusammenarbeit zwischen Entwicklern, Juristen und Regulierungsbehörden kann sichergestellt werden, dass LegalAI ein Werkzeug für Gerechtigkeit und nicht für Ungleichheit wird.

Kapitel 9: Die Rolle der Juristen in einer KI-unterstützten Welt

Die rasante Entwicklung von Künstlicher Intelligenz (KI) und ihre Anwendung im Rechtswesen hat nicht nur die Arbeitsweise verändert, sondern auch die Rolle der Juristen neu definiert. Wo einst manuelle Tätigkeiten wie das Durchsuchen von Akten, das Verfassen standardisierter Verträge oder die Rechtsrecherche den Berufsalltag dominierten, stehen heute technologische Tools bereit, um diese Aufgaben zu automatisieren. Doch was bleibt der Mensch in einer Welt, in der KI immer mehr Aufgaben übernimmt? Dieses Kapitel untersucht die sich wandelnde Rolle der Juristen, die neuen Kompetenzen, die erforderlich sind, und die Dynamik der Zusammenarbeit zwischen Mensch und Maschine.

9.1 Die Transformation des Berufsbildes

Juristen sehen sich mit einer grundlegenden Transformation ihres Berufsbildes konfrontiert. Diese Transformation wird durch drei Hauptfaktoren vorangetrieben:

9.1.1 Von reaktiver zu strategischer Arbeit

Traditionell bestand ein Großteil der juristischen Tätigkeit aus reaktiven Aufgaben, etwa der Beantwortung von rechtlichen Anfragen oder der Prüfung von Dokumenten. Mit der Automatisierung vieler dieser Prozesse durch LegalAI können Juristen ihre Zeit zunehmend auf strategische und beratende Tätigkeiten konzentrieren:

- Entwicklung von rechtlichen Strategien
- Beratung zu komplexen rechtlichen und ethischen Fragestellungen
- Verhandlungsführung

9.1.2 Vom Experten zum Technologen

Die Integration von KI erfordert, dass Juristen nicht nur rechtliches Fachwissen, sondern auch technologische Kompetenzen mitbringen. Sie müssen in der Lage sein, KI-Tools zu verstehen, zu nutzen und ihre Ergebnisse zu bewerten.

9.1.3 Neue Spezialisierungen

Mit der zunehmenden Digitalisierung entstehen neue juristische Arbeitsfelder, darunter:

- **LegalTech-Beratung:** Unterstützung von Kanzleien und Unternehmen bei der Implementierung und Nutzung von LegalTech-Tools.
- **Datenrecht:** Beratung zu Datenschutz, Datensicherheit und den rechtlichen Aspekten von KI.
- **KI-Ethik:** Entwicklung von Richtlinien für den ethischen Einsatz von KI-Systemen.

9.2 Die Zusammenarbeit zwischen Mensch und Maschine

KI wird in der juristischen Praxis nicht als Ersatz für den Menschen gesehen, sondern als Ergänzung. Diese Zusammenarbeit kann auf verschiedene Weise erfolgen:

9.2.1 Arbeitsteilung

KI übernimmt repetitive und datenintensive Aufgaben, während Juristen sich auf kreative, strategische und zwischenmenschliche Aspekte konzentrieren. Beispiele:

- **KI-Aufgabe:** Analyse von Vertragsklauseln, Erkennung von Risiken, Durchführung von Recherchen.
- **Juristische Aufgabe:** Verhandlung von Vertragsbedingungen, juristische Bewertung der KI-Ergebnisse, Mandantenberatung.

9.2.2 Entscheidungsunterstützung

KI-Tools liefern Vorschläge und Prognosen, die Juristen als Grundlage für ihre Entscheidungen nutzen können. Die endgültige Verantwortung bleibt jedoch beim Menschen.

9.2.3 Hybridlösungen

In hybriden Modellen arbeiten Mensch und Maschine eng zusammen. Beispielsweise könnten Juristen KI-gestützte Analysen überprüfen, erweitern und in rechtliche Argumentationen integrieren.

9.3 Neue Kompetenzen für Juristen

Die Nutzung von LegalAI erfordert neue Kompetenzen und Fähigkeiten, die über das traditionelle juristische Wissen hinausgehen. Dazu gehören:

9.3.1 Technologisches Verständnis

Juristen müssen verstehen, wie KI-Systeme funktionieren, um ihre Ergebnisse zu bewerten und kritisch zu hinterfragen. Wichtige Themen sind:

- Grundlagen von maschinellem Lernen
- Algorithmen und ihre Funktionsweise
- Datenqualität und Bias

9.3.2 Datenkompetenz

Mit der Zunahme datengetriebener Entscheidungen wird die Fähigkeit, Daten zu analysieren und zu interpretieren, immer wichtiger. Juristen sollten mit Begriffen wie Big Data, Predictive Analytics und Datenvisualisierung vertraut sein.

9.3.3 Projektmanagement

Die Integration von KI in juristische Prozesse erfordert oft interdisziplinäre Zusammenarbeit. Juristen müssen in der Lage sein, solche Projekte zu leiten und verschiedene Fachdisziplinen zu koordinieren.

9.3.4 Kommunikationsfähigkeiten

Juristen werden zunehmend als Vermittler zwischen technischen und nicht-technischen Akteuren tätig. Sie müssen komplexe technische Sachverhalte für Mandanten, Richter und andere Stakeholder verständlich machen.

9.4 Herausforderungen für Juristen in einer KI-unterstützten Welt

Die Integration von KI bringt nicht nur neue Möglichkeiten, sondern auch Herausforderungen mit sich:

9.4.1 Verlust traditioneller Aufgaben

Viele Aufgaben, die bisher von Juristen ausgeführt wurden, können durch KI automatisiert werden. Dies wirft die Frage auf, wie sich Juristen in einem zunehmend technologisierten Umfeld profilieren können.

9.4.2 Ethik und Verantwortung

Juristen tragen die Verantwortung, sicherzustellen, dass KI-Systeme ethisch und rechtlich korrekt eingesetzt werden. Dies umfasst:

- Überprüfung der Ergebnisse von KI-Tools
- Einhaltung von Datenschutz- und Compliance-Vorgaben
- Sicherstellung der Fairness und Transparenz von KI-basierten Entscheidungen

9.4.3 Weiterbildung

Die Geschwindigkeit, mit der sich die Technologie entwickelt, erfordert kontinuierliche Weiterbildung. Juristen müssen bereit sein, sich mit neuen Technologien und deren rechtlichen Implikationen vertraut zu machen.

9.5 Die Vorteile der KI-gestützten Arbeit für Juristen

Trotz der Herausforderungen bietet die Zusammenarbeit mit KI auch erhebliche Vorteile:

9.5.1 Höhere Effizienz

KI kann repetitive Aufgaben übernehmen, sodass Juristen ihre Zeit effektiver nutzen können.

9.5.2 Bessere Entscheidungen

KI liefert datenbasierte Analysen, die Juristen helfen, fundiertere Entscheidungen zu treffen.

9.5.3 Neue Karrierechancen

Die Digitalisierung schafft neue Spezialisierungen und Karrieremöglichkeiten, z. B. in den Bereichen LegalTech, Datenrecht und KI-Ethik.

9.6 Die Zukunft der Juristen in einer KI-unterstützten Welt

Die Zukunft des juristischen Berufs wird durch die Zusammenarbeit zwischen Mensch und Maschine geprägt sein. Dabei werden folgende Trends eine wichtige Rolle spielen:

9.6.1 Der KI-Manager

Juristen werden zunehmend zu Managern von KI-Systemen, die deren Einsatz überwachen und sicherstellen, dass sie den rechtlichen und ethischen Standards entsprechen.

9.6.2 Interdisziplinäre Zusammenarbeit

Die Grenzen zwischen Recht, Technologie und Wirtschaft werden zunehmend verschwimmen. Juristen müssen in interdisziplinären Teams arbeiten und verschiedene Perspektiven integrieren.

9.6.3 Demokratisierung des Rechts

KI kann dazu beitragen, den Zugang zum Recht zu verbessern. Juristen könnten verstärkt daran arbeiten, diese Technologien für eine breitere Bevölkerungsschicht nutzbar zu machen.

9.7 Fazit: Ein Beruf im Wandel

Der Beruf des Juristen befindet sich im Umbruch. KI verändert nicht nur die Arbeitsweise, sondern auch die Anforderungen an die Qualifikationen und die Rolle der Juristen. Anstatt als reine Experten für rechtliche Fragen zu agieren, werden Juristen zunehmend zu Strategen, Technologen und Vermittlern.

Dieses Kapitel zeigt, dass die Zukunft des juristischen Berufs nicht in der Konkurrenz zu KI liegt, sondern in der Zusammenarbeit. Juristen, die bereit sind, sich weiterzubilden und neue Technologien zu nutzen, werden in einer KI-unterstützten Welt nicht nur bestehen, sondern florieren. LegalAI ist keine Bedrohung, sondern eine Chance, das Berufsbild neu zu definieren und die Rechtsbranche gerechter, effizienter und moderner zu gestalten.

Kapitel 10: Die Zukunft von LegalAI

Die Fortschritte in der Künstlichen Intelligenz (KI) haben das Potenzial, die Rechtsbranche nachhaltig zu verändern. Doch welche langfristigen Trends und Visionen zeichnen sich ab? Wie könnte LegalAI die Art und Weise, wie Menschen mit dem Recht interagieren, in den nächsten Jahrzehnten prägen? In diesem abschließenden Kapitel werfen wir einen Blick in die Zukunft und analysieren, wie LegalAI dazu beitragen kann, eine gerechtere, effizientere und zugänglichere Rechtsordnung zu schaffen. Gleichzeitig beleuchten wir die Herausforderungen und Grenzen dieser technologischen Entwicklung.

10.1 Langfristige Trends im Bereich LegalAI

Die Zukunft von LegalAI wird von mehreren Schlüsseltrends geprägt, die die Entwicklung und Nutzung von KI im Rechtswesen beeinflussen:

10.1.1 Virtuelle Kanzleien

Mit der zunehmenden Digitalisierung könnten physische Kanzleien durch virtuelle Kanzleien ergänzt oder sogar ersetzt werden. KI-gestützte Plattformen könnten Mandanten eine rechtliche Erstberatung bieten, einfache Dokumente erstellen oder rechtliche Strategien vorschlagen – alles online und ohne menschliches Eingreifen.

10.1.2 Globalisierung des Rechtssystems

LegalAI hat das Potenzial, Rechtsdienstleistungen weltweit zugänglich zu machen. Globale Plattformen könnten lokale Gesetze integrieren und juristische Unterstützung über Ländergrenzen hinweg anbieten. Dies könnte insbesondere Unternehmen und Einzelpersonen in Entwicklungsländern zugutekommen, die bisher nur begrenzten Zugang zu rechtlicher Beratung hatten.

10.1.3 Hyperautomatisierung

Die Automatisierung juristischer Prozesse wird weiter voranschreiten. Neben Standardaufgaben wie der Erstellung von Verträgen könnten auch komplexere Tätigkeiten, wie die Analyse rechtlicher Risiken oder die Entwicklung von Argumentationsstrategien, automatisiert werden.

10.1.4 Personalisierung

KI-Systeme werden zunehmend in der Lage sein, rechtliche Lösungen individuell auf die Bedürfnisse der Mandanten zuzuschneiden. Anhand von Daten wie persönlichen Vorlieben, finanzieller Situation und rechtlichem Kontext könnten maßgeschneiderte Empfehlungen erstellt werden.

10.1.5 Präventive Rechtsberatung

LegalAI könnte dazu beitragen, rechtliche Probleme zu antizipieren, bevor sie auftreten. Predictive Analytics könnte Trends in der Rechtsprechung oder regulatorische Veränderungen frühzeitig erkennen und Mandanten vor möglichen Risiken warnen.

10.2 Visionen für eine gerechtere Welt

Ein zentrales Versprechen von LegalAI ist die Möglichkeit, das Rechtssystem gerechter und zugänglicher zu gestalten. Doch wie könnte diese Vision konkret umgesetzt werden?

10.2.1 Demokratisierung des Rechts

LegalAI hat das Potenzial, Rechtsdienstleistungen für Menschen zugänglich zu machen, die bisher keinen Zugang dazu hatten. Automatisierte Self-Service-Plattformen könnten:

- Standardisierte Dokumente wie Mietverträge oder Testamente erstellen,
- Bürgern helfen, ihre Rechte besser zu verstehen,
- Unterstützung in alltäglichen rechtlichen Angelegenheiten bieten, ohne dass teure Anwaltskosten anfallen.

10.2.2 Unterstützung von Richtern und Anwälten

KI kann die Arbeit von Richtern und Anwälten erleichtern, indem sie relevante Präzedenzfälle schneller identifiziert, die Qualität von Entscheidungen verbessert und den Verwaltungsaufwand reduziert. Dies könnte dazu beitragen, die Überlastung der Justizsysteme zu verringern.

10.2.3 Förderung von Transparenz

LegalAI-Systeme könnten dazu beitragen, die Transparenz im Rechtssystem zu erhöhen. Durch die Analyse großer Datenmengen könnten systematische Ungerechtigkeiten oder Diskriminierungen aufgedeckt und behoben werden.

10.3 Herausforderungen und Grenzen von LegalAI

Trotz ihrer enormen Potenziale wird LegalAI auch in der Zukunft mit wesentlichen Herausforderungen konfrontiert sein:

10.3.1 Technologische Limitierungen

Obwohl KI in der Lage ist, riesige Datenmengen zu analysieren, fehlt ihr oft das Verständnis für komplexe soziale, kulturelle und ethische Zusammenhänge. Das Recht basiert jedoch nicht nur auf Logik, sondern auch auf moralischen und gesellschaftlichen Überlegungen, die KI nur schwer erfassen kann.

10.3.2 Bias und Diskriminierung

KI-Modelle sind anfällig für Bias, da sie auf historischen Daten basieren, die oft gesellschaftliche Vorurteile widerspiegeln. Ohne geeignete Maßnahmen könnten solche Verzerrungen verstärkt und Ungleichheiten perpetuiert werden.

10.3.3 Vertrauen und Akzeptanz

Die Akzeptanz von LegalAI durch die breite Öffentlichkeit und die Rechtsbranche bleibt eine Herausforderung. Viele Menschen sehen KI-Systeme skeptisch, insbesondere wenn es um so sensible Bereiche wie das Recht geht.

10.3.4 Datenschutz und Sicherheit

Die Verarbeitung großer Mengen sensibler Daten durch KI-Systeme stellt eine erhebliche Herausforderung dar. Datenschutzverletzungen könnten schwerwiegende Folgen haben und das Vertrauen in LegalAI untergraben.

10.3.5 Regulatorische Unsicherheiten

Die Regulierung von LegalAI steckt noch in den Anfängen. Internationale Standards und rechtliche Rahmenbedingungen müssen entwickelt werden, um den verantwortungsvollen Einsatz dieser Technologie sicherzustellen.

10.4 Potenziale und Grenzen der Technologie

10.4.1 Potenziale

- **Effizienz:** LegalAI kann die Geschwindigkeit und Genauigkeit von Rechtsdienstleistungen erheblich verbessern.
- **Zugänglichkeit:** Automatisierte Lösungen können eine breitere Bevölkerungsgruppe erreichen.
- **Kostenreduktion:** Durch die Automatisierung können Rechtsdienstleistungen erschwinglicher gemacht werden.

10.4.2 Grenzen

- **Komplexe Rechtsfragen:** KI stößt bei nicht-standardisierten und hochkomplexen juristischen Problemen an ihre Grenzen.
- **Ethische Verantwortung:** KI kann ethische und moralische Entscheidungen nicht selbstständig treffen.
- **Abhängigkeit von Daten:** Die Qualität der Ergebnisse hängt stark von den verwendeten Daten ab, was potenziell problematisch ist.

10.5 Fazit: Die Zukunft von LegalAI

LegalAI ist mehr als nur eine technologische Innovation – es ist eine Gelegenheit, das Rechtssystem neu zu denken und den Zugang zur Justiz zu revolutionieren. Doch die Zukunft von LegalAI wird nicht nur von technologischen Fortschritten abhängen, sondern auch von der Fähigkeit, diese Fortschritte verantwortungsvoll zu nutzen.

Um die Chancen von LegalAI voll auszuschöpfen, müssen wir:

- Klare ethische und regulatorische Rahmenbedingungen schaffen,
- Bias und Diskriminierung in KI-Systemen aktiv bekämpfen,
- Die Zusammenarbeit zwischen Mensch und Maschine optimieren.

Dieses Kapitel zeigt, dass LegalAI nicht nur ein Werkzeug ist, sondern ein Katalysator für tiefgreifende Veränderungen im Rechtswesen. Die Herausforderung besteht darin, diese Veränderungen positiv zu gestalten – für ein gerechteres, effizienteres und zugänglicheres Rechtssystem, das sowohl die Bedürfnisse von Individuen als auch die Anforderungen einer globalisierten Welt erfüllt.

Schlusswort: LegalAI – Ein Werkzeug für eine gerechtere Zukunft

Die rasante Entwicklung von Künstlicher Intelligenz (KI) hat die Rechtsbranche vor eine der größten Transformationen ihrer Geschichte gestellt. Von der Automatisierung von Standardprozessen über die Revolution der Rechtsrecherche bis hin zur Unterstützung von Gerichtsverfahren – LegalAI hat die Art und Weise, wie rechtliche Dienstleistungen erbracht werden, grundlegend verändert. Doch diese Transformation ist mehr als ein technologischer Fortschritt; sie ist eine Gelegenheit, die Rechtswelt neu zu denken und das Rechtssystem zugänglicher, effizienter und gerechter zu gestalten.

LegalAI als Werkzeug, nicht als Ersatz

LegalAI ist kein Ersatz für menschliche Juristen, sondern ein Werkzeug, das ihnen ermöglicht, ihre Arbeit effektiver und präziser zu gestalten. Es übernimmt repetitive und datenintensive Aufgaben, sodass Juristen mehr Zeit für strategische, kreative und zwischenmenschliche Tätigkeiten haben. KI kann dabei helfen, das riesige juristische Wissen, das in unzähligen Gesetzen, Urteilen und Kommentaren gespeichert ist, zu organisieren und zugänglich zu machen. Doch sie bleibt ein unterstützendes Mittel: Die endgültige Verantwortung für Entscheidungen, die Interpretation komplexer Sachverhalte und die Einbeziehung ethischer Überlegungen liegt weiterhin beim Menschen.

Ein gerechteres Rechtssystem durch LegalAI

LegalAI bietet die Chance, jahrhundertealte Herausforderungen im Rechtssystem zu bewältigen. Insbesondere in drei Bereichen kann es zu einer gerechteren Welt beitragen:

1. **Zugang zum Recht:** Für viele Menschen, insbesondere in Entwicklungsländern oder wirtschaftlich schwächeren Gesellschaftsschichten, sind rechtliche Dienstleistungen unerschwinglich oder unzugänglich. KI-gestützte Tools können einfache Rechtsdienstleistungen automatisieren und einer breiteren Bevölkerungsschicht zugänglich machen. Self-Service-Plattformen, die auf LegalAI basieren, ermöglichen es Bürgern, grundlegende rechtliche Probleme selbstständig zu lösen, sei es die Erstellung eines Mietvertrags oder das Anfechten einer Bußgeldbescheidung.

2. **Effizienz und Entlastung der Justiz:** In vielen Ländern leiden Justizsysteme unter Überlastung, was zu jahrelangen Verzögerungen bei Gerichtsverfahren führt. LegalAI kann dazu beitragen, diese Systeme zu entlasten, indem es administrative Aufgaben übernimmt, Prozesse automatisiert und Gerichte unterstützt. Dies ermöglicht eine schnellere Bearbeitung von Fällen und verkürzt die Zeit bis zur Rechtsprechung.

3. **Transparenz und Fairness:** KI kann große Datenmengen analysieren, um systematische Ungerechtigkeiten und Diskriminierungen aufzudecken. Gleichzeitig kann sie dazu beitragen, Entscheidungen objektiver und konsistenter zu machen, indem sie auf klar definierten Kriterien basiert. Damit wird das Vertrauen in die Justiz gestärkt.

Die Verantwortung im Umgang mit LegalAI

Mit großer Macht kommt große Verantwortung. Der Einsatz von LegalAI erfordert ein hohes Maß an Sorgfalt, um sicherzustellen, dass die Technologie verantwortungsvoll genutzt wird. Hierzu gehören:

- **Ethische Leitlinien:** Entwickler und Nutzer von LegalAI müssen sicherstellen, dass KI-Systeme fair, transparent und diskriminierungsfrei arbeiten.

- **Regulierung und Standards:** Der Einsatz von KI im Rechtswesen muss durch klare gesetzliche Rahmenbedingungen geregelt werden, um Missbrauch zu verhindern und Vertrauen zu schaffen.

- **Menschliche Kontrolle:** Die zentrale Rolle des Menschen in der Rechtsprechung darf nicht an Maschinen abgetreten werden. KI sollte immer als unterstützendes Werkzeug betrachtet werden, nicht als Ersatz für menschliches Urteilsvermögen.

Die Zukunft gestalten: Synergie zwischen Mensch und Maschine

Die Zukunft der Rechtsbranche liegt in der Zusammenarbeit zwischen Mensch und Maschine. Juristen werden zunehmend zu Managern von KI-Systemen, die diese Technologien überwachen, bewerten und verantwortungsvoll einsetzen. Gleichzeitig eröffnet LegalAI neue Möglichkeiten für juristische Karrieren, etwa in den Bereichen LegalTech-Beratung, Datenrecht oder KI-Ethik.

Juristen, die bereit sind, sich mit den technologischen Entwicklungen auseinanderzusetzen und sich weiterzubilden, werden in einer KI-unterstützten Welt nicht nur bestehen, sondern florieren. Sie haben die Chance, LegalAI als Werkzeug zu nutzen, um bessere Entscheidungen zu treffen, effizienter zu arbeiten und die Rechtswelt positiv zu gestalten.

Ein Appell an die Menschlichkeit im Recht

Bei aller technologischen Begeisterung darf eines nicht vergessen werden: Recht ist mehr als Logik, Daten und Algorithmen. Es ist zutiefst menschlich. Es basiert auf Werten wie Gerechtigkeit, Empathie und moralischem Urteilsvermögen. Diese Werte können nicht von Maschinen simuliert werden. LegalAI kann dabei helfen, Prozesse zu optimieren und Daten zu analysieren, aber es liegt an uns Menschen, sicherzustellen, dass diese Technologien im Dienste der Menschheit stehen.

Ein Fazit mit Verantwortung

LegalAI ist kein Endpunkt, sondern ein Ausgangspunkt für eine neue Ära im Rechtswesen. Es liegt an uns – Juristen, Entwicklern, Regulierungsbehörden und der Gesellschaft insgesamt – diese Technologie verantwortungsvoll und ethisch einzusetzen. Die Herausforderung besteht darin, die Balance zwischen Effizienz und Gerechtigkeit, zwischen Automatisierung und Menschlichkeit zu finden.

Dieses Buch zeigt auf, wie LegalAI dazu beitragen kann, die Rechtswelt zu transformieren. Doch die Verantwortung für diese Transformation liegt nicht bei den Maschinen, sondern bei uns. Es ist unsere Aufgabe, die Technologie zu nutzen, um eine gerechtere und bessere Zukunft zu gestalten.

Die Zukunft von LegalAI ist nicht nur eine Frage der Technologie – sie ist eine Frage der Menschlichkeit.

Anhang

Der Anhang dieses Buches bietet Ihnen wertvolle Ressourcen und weiterführende Informationen, um das Thema LegalAI noch besser zu verstehen und in der Praxis anzuwenden. Hier finden Sie ein Glossar mit den wichtigsten Begriffen, eine Übersicht führender LegalAI-Tools sowie eine Liste empfohlener Literatur und weiterführender Ressourcen.

A. Glossar der wichtigsten Begriffe

Dieses Glossar erklärt zentrale Begriffe, die im Zusammenhang mit LegalAI und Künstlicher Intelligenz verwendet werden. Es bietet eine kurze, prägnante Definition, die auch Nicht-Technikern hilft, die Fachbegriffe zu verstehen.

- **Algorithmus:** Eine Reihe von Anweisungen, die von Computern befolgt werden, um eine Aufgabe zu lösen oder ein Problem zu analysieren.
- **Bias:** Verzerrung in Daten oder Algorithmen, die dazu führt, dass bestimmte Gruppen bevorzugt oder benachteiligt werden.
- **Big Data:** Große, komplexe Datensätze, die mit traditionellen Methoden nicht effizient analysiert werden können.
- **LegalAI:** Der Einsatz von Künstlicher Intelligenz in der Rechtsbranche zur Automatisierung, Analyse und Verbesserung juristischer Prozesse.
- **Maschinelles Lernen (Machine Learning):** Ein Teilgebiet der KI, bei dem Algorithmen aus Daten lernen, um Vorhersagen oder Entscheidungen zu treffen.
- **Natural Language Processing (NLP):** Technologie, die es Computern ermöglicht, menschliche Sprache zu verstehen und zu verarbeiten.
- **Predictive Analytics:** Datenanalyse zur Vorhersage zukünftiger Ereignisse auf der Grundlage historischer Daten.
- **Robotic Process Automation (RPA):** Die Automatisierung regelbasierter Aufgaben durch Software-Roboter.

B. Übersicht führender LegalAI-Tools

Die folgende Liste gibt einen Überblick über führende LegalAI-Tools, die derzeit auf dem Markt verfügbar sind. Jedes Tool wird kurz beschrieben, inklusive seiner Hauptanwendungsbereiche und Vorteile.

1. **Kira Systems**
   - **Anwendungsbereich:** Vertragsprüfung und -analyse
   - **Beschreibung:** Nutzt maschinelles Lernen, um Verträge zu analysieren, Klauseln zu identifizieren und Risiken aufzudecken.

- **Vorteile:** Schnellere Vertragsprüfung, Risikoreduzierung.

2. **Luminance**
   - **Anwendungsbereich:** Vertragsmanagement
   - **Beschreibung:** Unterstützt Unternehmen bei der Analyse von Vertragsportfolios und der Identifikation von Abweichungen.
   - **Vorteile:** Intuitive Benutzeroberfläche, leistungsstarke Mustererkennung.

3. **ROSS Intelligence**
   - **Anwendungsbereich:** Rechtsrecherche
   - **Beschreibung:** Bietet KI-gestützte Rechtsrecherche durch die Analyse großer Datenmengen und das Auffinden relevanter Präzedenzfälle.
   - **Vorteile:** Effiziente Recherche, Zeitersparnis.

4. **CaseText**
   - **Anwendungsbereich:** Rechtsrecherche
   - **Beschreibung:** Verwendet NLP, um juristische Suchanfragen zu optimieren und relevante rechtliche Dokumente zu finden.
   - **Vorteile:** Präzise Ergebnisse, nutzerfreundlich.

5. **LegalZoom**
   - **Anwendungsbereich:** Self-Service-Rechtsdienstleistungen
   - **Beschreibung:** Plattform für einfache juristische Dienstleistungen, wie die Erstellung von Verträgen und Testamentsvorlagen.
   - **Vorteile:** Geringe Kosten, einfache Bedienung.

6. **DoNotPay**
   - **Anwendungsbereich:** Verbraucherrecht
   - **Beschreibung:** Automatisiert einfache rechtliche Prozesse, wie das Anfechten von Parkgebühren oder das Einreichen von Entschädigungsanträgen.
   - **Vorteile:** Niedrigschwellig, leicht zugänglich.

7. **Premonition**
   - **Anwendungsbereich:** Gerichtsanalysen und Fallvorhersagen
   - **Beschreibung:** Nutzt historische Gerichtsdaten, um Erfolgschancen und richterspezifische Tendenzen vorherzusagen.
   - **Vorteile:** Strategische Prozessvorbereitung.

C. Tipps zur Implementierung von LegalAI

Für Kanzleien, Unternehmen und Juristen, die LegalAI einführen möchten, hier einige praktische Empfehlungen:

1. **Bedarfsanalyse durchführen:** Identifizieren Sie Prozesse, die von der Automatisierung profitieren könnten, und bewerten Sie die potenziellen Einsparungen.
2. **Kleine Pilotprojekte starten:** Beginnen Sie mit einer begrenzten Implementierung, um die Auswirkungen zu testen und Mitarbeiter zu schulen.
3. **Technologisches Verständnis fördern:** Investieren Sie in Schulungen, damit Ihr Team die eingesetzten Tools effektiv nutzen kann.
4. **Regelmäßige Überprüfung:** Evaluieren Sie regelmäßig die Ergebnisse der eingesetzten KI und passen Sie die Strategien an.
5. **Partnernetzwerk nutzen:** Arbeiten Sie mit LegalTech-Anbietern zusammen, um maßgeschneiderte Lösungen zu entwickeln.

D. Ein Dank an die Leser

Vielen Dank, dass Sie sich die Zeit genommen haben, dieses Buch zu lesen und sich mit dem Thema LegalAI auseinanderzusetzen. Die Rechtsbranche steht vor einer spannenden und herausfordernden Zukunft, und Ihr Interesse zeigt, dass Sie bereit sind, eine aktive Rolle in diesem Wandel zu übernehmen.

Der Anhang soll Ihnen als praktisches Nachschlagewerk dienen, um Ihre Reise mit LegalAI fortzusetzen. Mögen diese Ressourcen Ihnen helfen, neue Technologien zu verstehen und verantwortungsvoll einzusetzen, um das Rechtssystem moderner, gerechter und effizienter zu gestalten.

www.ingramcontent.com/pod-product-compliance
Lightning Source LLC
Chambersburg PA
CBHW070941220526
45469CB00007B/2472